네모네모 로직

nemonemo logic

제우미디어 편저

nemonemo logic 컬러편

Contents

nemonemo logic 컬러편

네모네모 로직 컬러편 실전 풀이법

설명의 순서대로 한 번만 따라 칠해보면 로직해법을 마스터할 수 있습니다!

한번만 따라하면 해법이 머리에 쏘옥~

자! 펜을 들고 따라해 봅시다!

■ 기본 규칙

- 숫자는 연속해서 칠해야 하는 칸 수를 의미한다.
- 여러 개의 숫자가 같은 컬러로 함께 있을 때는, 숫자와 숫자 사이에 반드시 1칸 이상을 띄고 **칠해야 한다.**
- 여러 개의 숫자가 다른 컬러로 함께 있을 때는, 숫자아 숫자 사이를 1칸 이상을 띄거나, 붙여서 칠해야 한다.★
- 완성된 숫자는 ◯로 표시해 두자.
- 확실히 칠할 수 없는 칸은 X로 표시해 두자.

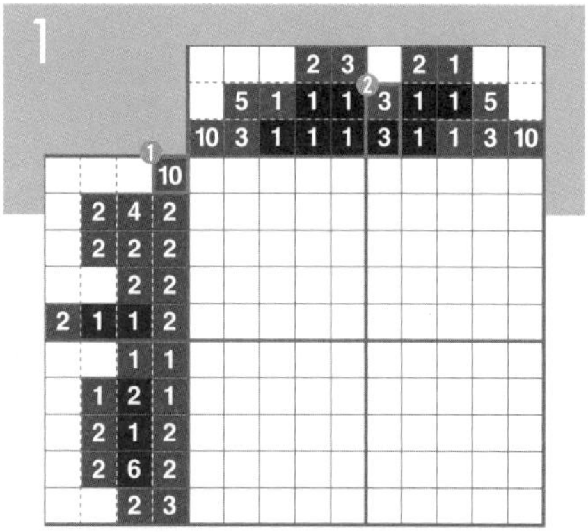

일단 문제를 보자.
문제의 크기는 10×10이다.

❶ 왼쪽의 10은 한 줄인 10칸 중에서 10칸을 연속해서 칠해야 한다는 뜻이다.

❷ 위쪽의 3과 3은 푸른색으로 3칸을, 검정색으로 3칸을 칠해야 한다는 뜻이다. 이때, 서로 다른 컬러의 숫자 사이에는 꼭 빈칸이 있지 않아도 된다.

TIP!

3과 3은 서로 다른 컬러이다. 숫자의 **컬러가 다를 경우**, 숫자와 숫자 사이는 **한 칸 이상을 띄게 될 수도(A), 붙여서 칠하게 될 수도 있다(B).**

2

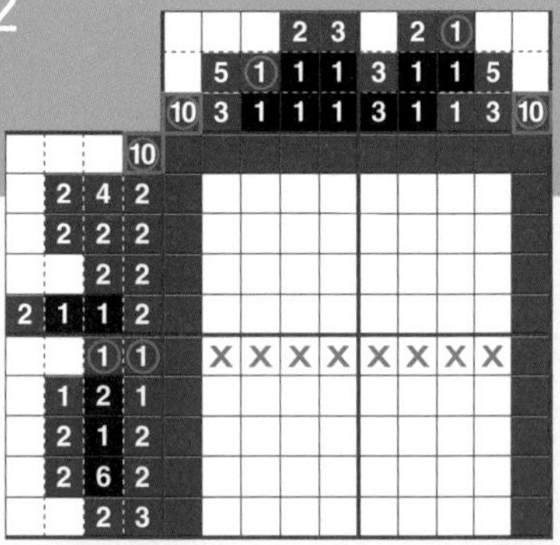

첫 시작은 가장 큰 숫자부터 공략하는 것이 효과적이다!

왼쪽과 위쪽의 10은 10칸을 연속해서 칠해야 한다는 뜻이다. 푸른색으로 10칸을 모두 칠하고, 완성된 숫자에는 ○로 표시해 두자.

TIP!

왼쪽과 위쪽의 10을 모두 칠하면, 위쪽과 왼쪽의 1도 함께 완성된다. 늘 완성된 숫자에는 ○로 표시하고, 확실하게 칠할 수 없는 칸에는 ×로 표시해 두자.

3

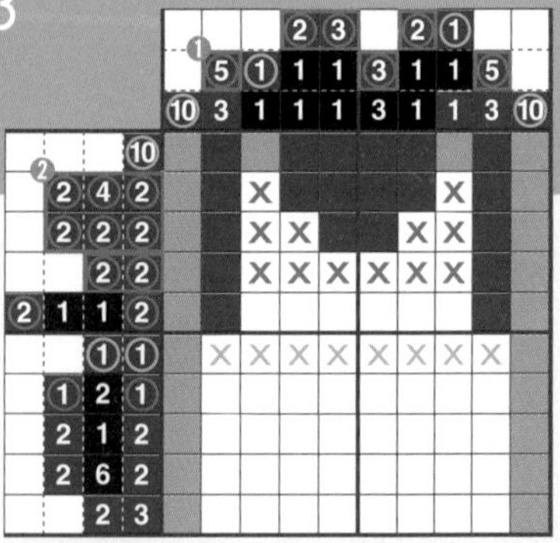

❶ 위쪽의 5와 2와 3 역시 푸른색으로 5칸과 2칸, 3칸을 연속해 칠해야 한다는 뜻이므로, 이미 푸른색이 칠해진 맨 위에서부터 해당하는 숫자만큼씩을 칠해준다.

❷ 이때 왼쪽의 2 4 2가 자동으로 완성된다. 또한, 아랫줄의 2 2 2와 그 아랫줄의 2 2 역시 자동으로 완성된다. 완성된 숫자에는 ○로 표시하고, 확실하게 칠할 수 없는 칸에는 ×로 표시해 두자.

TIP!

문제를 풀어 나가다 보면 자동으로 완성되는 숫자들이 생긴다. 늘 완성된 숫자에는 ○로 표시하고, 확실하게 칠할 수 없는 칸에는 ×로 표시해 두자.

4

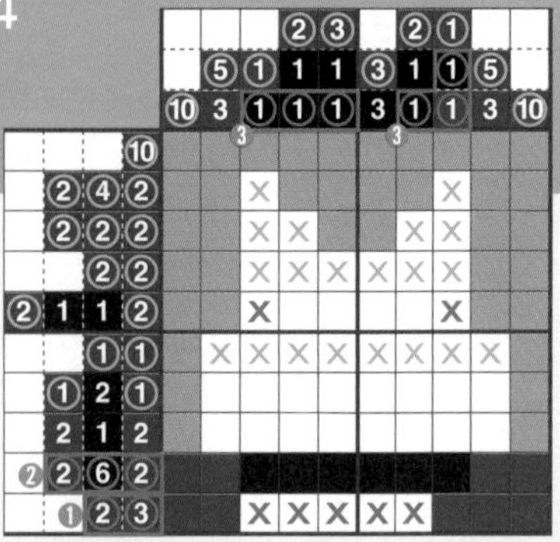

❶ 왼쪽 하단의 2와 3은 푸른색으로 각각 2칸과 3칸을 칠해야 한다는 뜻이므로, 이미 푸른색이 칠해진 양쪽 끝에서부터 해당하는 숫자만큼씩을 칠해준다. 완성된 숫자에는 ○로 표시하고, 확실하게 칠할 수 없는 칸에는 ×로 표시해 두자.

❷ 왼쪽의 2 6 2는 푸른색으로 2칸, 검정색으로 6칸, 푸른색으로 2칸을 칠해야 한다는 뜻이다. 서로 다른 컬러의 경우 1칸 이상을 띄거나 붙여서 칠해야 하는데, 지금은 2+6+2=10이므로 붙여서 칠해주면 된다!

❸ 이때 위쪽의 1이 자동으로 완성된다. 완성된 숫자에는 ○로 표시하고, 확실하게 칠할 수 없는 칸에는 ×로 표시해 두자.

5

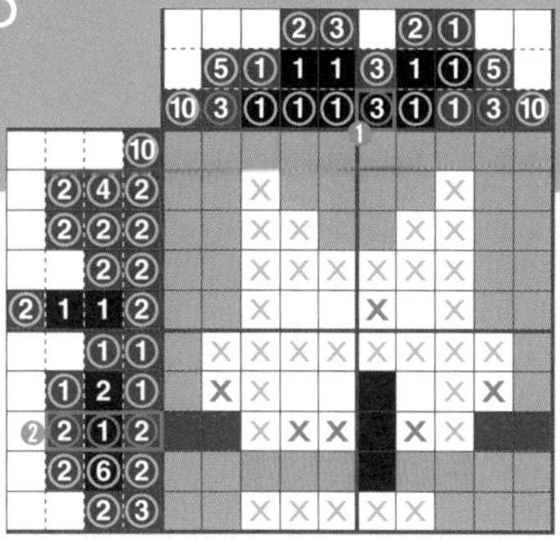

남은 숫자들 중 가장 큰 숫자인 3을 공략해 풀이를 계속해 나가자.

❶ 위쪽의 3은 검정색으로 3칸을 연속해 칠해야 한다는 뜻이므로, 이미 검정색이 칠해진 부분에서부터 해당하는 숫자만큼을 칠해준다.

❷ 이때 왼쪽의 2 1 2에서 1이 자동으로 완성된다. 2는 이미 푸른색이 칠해진 부분에서부터 해당하는 숫자만큼 칠해준다. 완성된 숫자에는 ○로 표시하고, 확실하게 칠할 수 없는 칸에는 ×로 표시해 두자.

TIP!

5와 3은 서로 같은 컬러이다. 숫자의 **컬러가 같을 경우**, 숫자와 숫자 사이는 **반드시 한 칸 이상을 띄어야 한다**.

6

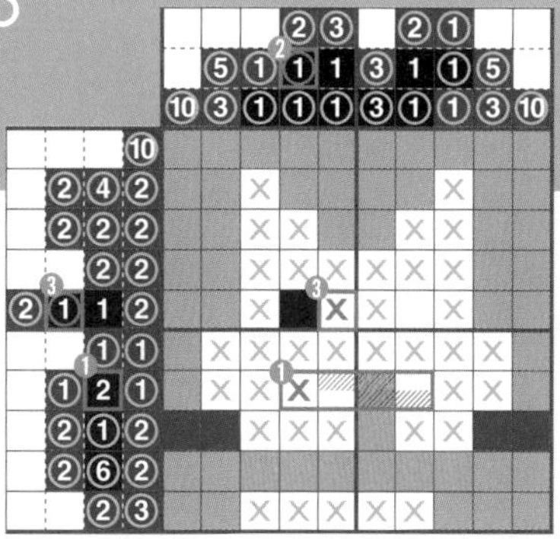

❶ 남은 숫자들 중 가장 큰 숫자는 왼쪽의 2. 경우의 수를 따져보면 이미 칠해진 1칸을 기준으로 양 옆의 1칸씩이 칠해질 확률이 높다. 확실하게 칠할 수 없는 칸은 ×로 표시해 두자.

❷ 위쪽의 1은 칠할 수 있는 칸이 1칸 남아있으므로, 남은 칸을 칠해준다.

❸ 이때 왼쪽의 1은 자동으로 완성된다. 완성된 숫자에는 ○로 표시해 두자. 또한 1과 1은 서로 같은 컬러이므로 무조건 1칸 이상을 띄어야 한다. 옆 칸은 확실히 칠할 수 없는 칸이므로, ×로 표시해 두자.

TIP!

만약 10칸 중 9칸을 연속해 칠해야 한다면, 경우의 수는 A, B 두 경우이다.

맨 앞에서부터 칠하거나(A), 맨 뒤에서부터 칠하거나(B).
여기서 중간에 있는 칸은 무조건 칠해진다.

(A)  (B) 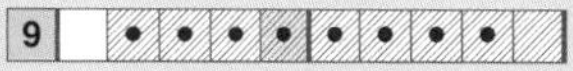

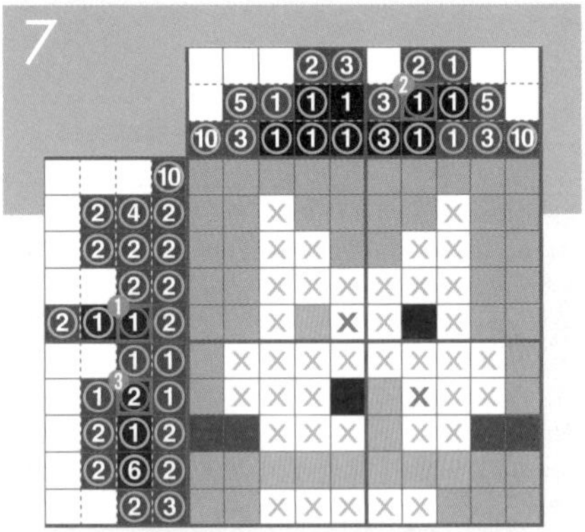

❶ 왼쪽의 **1**은 칠할 수 있는 칸이 1칸 남아있으므로, 남은 칸을 칠해준다.

❷ 이때 위쪽의 **1**이 자동으로 완성된다. 완성된 숫자에는 ○로 표시해 두고, 확실하게 칠할 수 없는 칸에는 ×로 표시해 두자.

❸ 남은 것은 왼쪽의 **2**. 칠할 수 있는 칸이 1칸 남아있으므로, 남은 칸을 칠해준다.

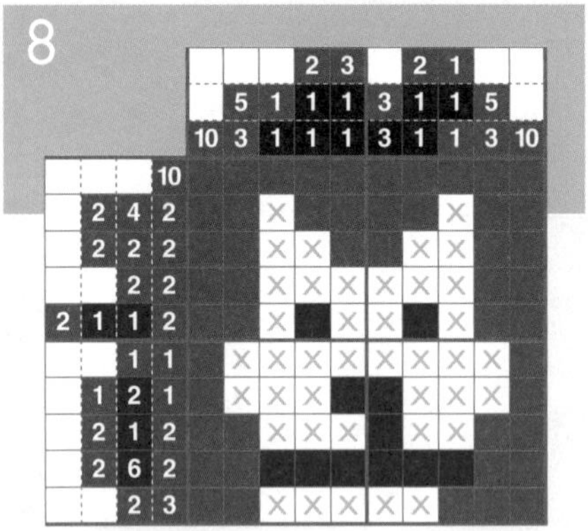

어느새 귀여운 강아지 완성!

중요한 로직 풀이 Tip!

문제의 크기가 큰 로직 중에는 위의 설명만으로 해결되지 않는 것이 있다.
그럴 때 이것만 기억해 두면 손쉽게 풀 수 있다.

<u>위에서부터 칠했을 때</u>와 <u>아래에서부터 칠했을 때</u>를 생각한 후 <u>겹쳐지는 칸</u>이 어디인지를 찾는다. 점을 찍어가며 생각하면 편하며, 이때 숫자의 순서는 반드시 지킨다.

① 한 칸에 점을 찍고, 한 칸 띄고 6칸에 점을 찍는다.
② 뒤에서부터 6칸에 점을 찍고, 한 칸 띄고 한 칸에 점을 찍는다.
③ 겹치는 부분을 찾아 칠한다.

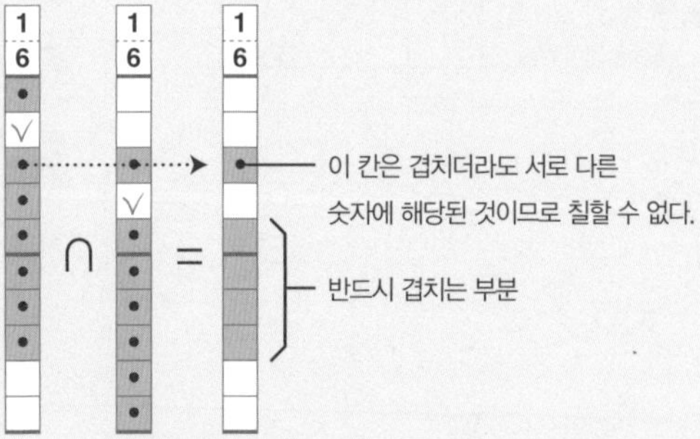

NemoNemo Logic 컬러편

PART A

SIZE: 10×10 15×15

난이도 ●○○○○　　사용컬러 ●●

A01 작고 반짝거려요

							2	1	2	2	1	2		
							3	1	1	1	1	3		
						5	1	4	4	4	4	1	5	
					5	2	1	1	1	1	1	1	2	5
				4										
				2										
				6										
			2	2										
			1	1										
1	1	6	1	1										
1	1	6	1	1										
1	1	6	1	1										
2	1	4	1	2										
		3	4	3										

난이도 ●○○○○

사용컬러 ●●

A02 이것을 보면 슈퍼마리오가 떠올라요

					6	7	6	6	6			
			3	5	2	3	4	4	3	6	5	3
		4										
		6										
		8										
		10										
		10										
		10										
3	3	2										
		4										
		5										
		4										

난이도 ●●○○○ 사용컬러 ●●

A03 손목에서 거미줄이 나와요!

Column clues (top to bottom):

1	2	3	4	5	6	7	8	9	10
		1					1		
		2	4			4	2		
	1	2	2			2	2	1	
	5	3	3			3	3	5	
5	2	2	1	10	10	1	2	2	5

Row clues (left to right):

				1	4	1
				1	6	1
				1	8	1
1	1	1	4	1	1	1
1	1	2	2	2	1	1
1	2	1	2	1	2	1
				1	8	1
				1	6	1
				2	4	2
				2	2	2

난이도 ●●

사용컬러 ●

A04 음악은 참 즐거워요

										3	2	2	
				3	3	3		2	2	2	3	3	
				2	4	4	8	2	2	2	4	4	9
			4										
			7										
	4	2	1										
3	1	5	1										
3	1	5	1										
	3	1	1										
		3	3										
		4	4										
		4	4										
		2	2										

난이도 ●●●●●

사용컬러 ●●

A05 엄지척!

											2		
									1	1	1	1	2
				1	1	2	2	2	1	2	1	2	5
				7	7	1	1	1	1	1	1	2	1
			4										
		2	1										
2	2	1	3										
	3	4	1										
		2	2										
		2	1										
		2	1										
		2	1										
		2	2										
		9	1										

난이도 ●●●●● 사용컬러 ●●

A06 크리스마스에 빠질 수 없는 이것

			2			2					1	
			2	1	1	1	1	1	1	1	7	2
			1	4	4	4	8	8	8	8	1	5
		5										
	1	1										
		7										
		5										
		5										
4	5	1										
1	8	1										
	9	1										
	9	1										
1	7	2										

난이도 ●●●○○

사용컬러 ●●

A07 겨울의 대표 과일

								1				
								1			2	
				2	2		2	1	2	2	4	2
			4	2	5	8	6	6	8	8	1	4
		4										
		5										
2	1	3										
3	2	3										
	2	7										
	1	8										
	1	8										
	8	1										
		8										
		6										

난이도 ●●●●○

사용컬러 ●●

어항 속 귀여운 친구

						1					2		
				2		2	1		3	5	3	2	
				2	7	4	4	7	2	2	2	3	5
			2										
		5	2										
	2	1	3										
2	1	4	1										
		4	4										
		5	4										
		7	2										
		5	1										
			2										
			2										

난이도 ●○○○○ 사용컬러 ●●

A09 바다의 포유류

		1												
2	2	2	2	2	4	3	1	1	2	2	2			
4	6	3	7	7	7	7	7	7	6	4	2	5	4	3
2	2	2	2	2	2	2	2	2	2	2	2	2	3	3

		3	4
2	2	1	2
	1	3	1
			1
			1
			1
			6
	9	1	2
		9	4
	2	8	3
		11	2
			13
		13	2
			15
			15

난이도 ●○○○○

사용컬러 ●●

A10 달콤하고 맛있어요

Column clues (top to bottom):

Column	Clues
1	15
2	8 1 1 1
3	7 1 1 1
4	6 1 1 1
5	5 1 2 1
6	2 3 1 2 1
7	1 1 3 2 1 1
8	1 5 1 1 1
9	1 5 1 1 1
10	1 3 2 2 2
11	1 1 2 2
12	2 1 1 2
13	3 2 2 2
14	4 1 2 3
15	5 1 1 3

Row clues (left to right):

Row	Clues
1	15
2	6 3 4
3	5 1 3 3
4	5 5 2
5	5 5 1
6	4 3
7	3 3
8	2 4
9	1 4
10	7 3
11	1 5
12	1 7
13	1 5 2
14	1 6
15	15

난이도 ●●●●● 사용컬러 ●●

A11 무언가를 자를 때 필요해요

Column clues:

1	2	3	4	5	6	7	8	9	10	11	12	13	14	15
		1	2	3					3		1			
2		4	4	4	3	3		3	4	2	4	4		2
1	4	2	2	1	6	2	3	6	2	4	2	2	3	1
4	6	2	2	6	4	2	4	3	5	6	2	2	6	4

Row clues:

		2	10	3
		3	8	4
1	3	6	4	1
			4	4
			4	4
				8
				6
			1	2
				6
	4	2	2	4
			6	6
	2	2	3	2
	2	2	3	2
			6	7
			4	5

난이도 ●●○○○ 사용컬러 ●●

옆으로 걸어요

Column clues (top to bottom):

	1	2	3	4	5	6	7	8	9	10	11	12	13	14	15
													5		
	4	3	5										1	3	3
	1	2	1	2		2	3		3	2		10	1	1	2
	2	1	2	5	6	6	6	6	6	6	6	1	2	2	2
	2	2	2	3	2	2	2	2	2	2	2	2	1	2	2

Row clues (left to right):

				1
			2	1
		1	1	4
1	2	2	2	4
	4	2	2	3
	3	1	1	1
		3	5	1
				9
				14
		2	9	1
				12
		3	7	2
	1	2	3	1
3	1	8	1	2
		3	1	11

난이도 ●●●●●

사용컬러 ●●

A13 안에서 비둘기가 나올 것만 같아요

			1	2										
			1	1	2	2	2	2	2	2	1			
		8	1	1	8	8	8	8	8	7	8	8		
		3	2	1	2	2	2	2	1	2	2	2		
3	4	2	3	3	2	2	2	2	3	3	3	3	4	3

				9
		1	7	1
			2	2
			1	9
			1	8
			1	8
			1	8
			1	8
			1	8
	1	1	7	1
2	2	6	3	2
		2	10	3
		5	4	6
				13
				9

난이도 ●●○○○

사용컬러 ●●

A14 바람이 불면 돌아가요!

Column clues (top to bottom):

							2	1						
							5	1						
						2	2	3	7					
						3	1	1	2					
		1	2	2	6	2	3	4	1	1	1	1	2	
		2	2	2	2	3	1	4	2	3	2	2	2	
3	4	2	1	1	1	4	1	1	2	4	2	2	1	4

Row clues (left to right):

						3
				2	1	1
				2	1	2
				1	2	2
				1	2	2
				1	3	5
		7	1	2	3	2
		2	1	6	5	1
2	5	2	2	2	1	1
				2	5	7
		4	1	1	2	1
				2	2	1
				2	1	2
				1	2	1
						3

난이도 ●●○○○

사용컬러 ● ●

A15 작지만 든든해요

								2	1					
		3		1		4	3	1	1		2		5	
		6	2	5	5	1	1	1	2	1	2	3	2	
6	5	1	6	2	2	1	1	1	1	2	2	2	1	6
6	8	2	3	3	5	5	5	5	5	5	5	4	3	6

			5	4	6
			4	7	4
		3	5	2	3
	2	5	1	2	2
2	4	1	1	1	2
	1	4	2	1	1
		4	2	1	2
	4	1	2	1	1
		3	1	2	2
		2	1	5	1
			3	8	2
		2	2	8	2
			4	8	1
				3	7
					3

난이도 ●●○○○

사용컬러 ●●

사막에서도 잘 자라요

Column clues (columns 1–15, top to bottom):

	5	7	7	4					3	9	8	6		
2	2	2	2	2	14	15	15	14	2	2	2	2	2	2

Row clues (rows 1–15, left to right):

		2
		4
	1	4
3	4	2
3	4	3
3	4	3
	8	3
	8	3
	7	3
		10
		7
		6
		4
5	4	6
5	4	6

난이도 ●●●●● 사용컬러 ●●

A17 여름에는 이 과일이 최고!

Column clues:

				2		7		4		6				
1	3	5	7	4	10	2	12	7	12	2	8	6	3	
4	4	3	3	3	2	2	2	2	2	3	3	3	3	3

Row clues:

			1
			3
			5
			6
		4	3
		5	3
		2	8
		3	8
		10	3
1	5	3	3
2	4	7	1
	3	10	2
	5	5	5
			13
			10

난이도 ●●○○○

사용컬러 ●●

A18 뜨거운 냄비를 옮길 때 필요해요

Column clues

1	2	3	4	5	6	7	8	9	10	11	12	13	14	15
							5	4	4	5	4	4	4	
							3	5	6	5	6	5	3	
					11	12	5	4	3	3	3	4	5	11
3	5	6	6	5	2	2	2	2	2	2	2	2	2	2

Row clues

				6
				8
				10
				10
3	2	1	2	2
		2	7	1
	2	2	7	1
	4	2	7	1
		8	5	2
		9	3	3
				14
				13
				12
				10
				10

난이도 ●●○○○

사용컬러 ●●

A19 깡총깡총 뛰어요

												2		
	1				2							2	1	
	2				1							2	2	
	2	2		2	3				2	2		3	2	
	1	2	2	3	2				2	2		1	1	
4	1	2	2	2	1	6	8	8	2	4	2	1	1	4
1	1	5	2	3	1	2	1	1	3	2	2	1	1	1
1	1	1	7	3	1	1	1	1	3	3	10	1	1	1

					3	3
	1	1	2	2	1	1
	1	2	2	2	2	1
	2	2	1	2	2	2
	2	2	1	1	2	2
	2	1	1	2	2	2
		1	2	3	1	2
						8
						11
		2	1	4	1	3
		3	2	3	2	3
2	2	2	3	2	1	3
				5	1	7
		3	2	4	3	3
						10

난이도 ●●

사용컬러 ●●

열을 가해 먹으면 몸에 더 좋대요

세로 열 힌트 (왼쪽부터)

열	힌트
1	9
2	4 4
3	2 9
4	1 11
5	1 2 1 3 2 4
6	2 2 2 1 2 5
7	6 1 1 2 5
8	3 9 3
9	7 3 5
10	6 2 1 1 5
11	5 2 2 2 4
12	4 1 4 1 3
13	13
14	12
15	10

가로 행 힌트 (위부터)

행	힌트
1	6
2	12
3	2 9
4	2 3 1 7
5	2 4 1 7
6	4 2 1 1 2 2 3
7	1 3 3 1 2 4
8	1 5 3 5
9	1 3 4 6
10	4 7 4
11	4 1 2 1 2 2 3
12	7 1 7
13	13
14	11
15	8

난이도 ●●●○○

사용컬러 ●●

A21 정말 천천히 움직여요

Column clues (left to right, top to bottom):

Col 1	Col 2	Col 3	Col 4	Col 5	Col 6	Col 7	Col 8	Col 9	Col 10	Col 11	Col 12	Col 13	Col 14	Col 15
									2	2				
								2	1	1	2			
				2			3	2	1	1	3	3		
				6	8	4	3	2	2	2	2	3		
2	6	1	11	2	2	3	2	2	1	1	1	1	9	8
3	7	2	1	1	1	1	1	1	1	1	1	1	3	2

Row clues (top to bottom):

Row	Clues
1	2 2
2	2 2
3	1 1 7
4	1 1 9
5	1 1 4 3
6	4 3 4 2
7	1 1 2 2 1 2
8	2 1 2 1 3 2
9	1 1 2 2 3
10	1 1 2 7
11	1 2 2 6
12	1 2 3 2
13	1 1 7 1
14	2 2
15	13

난이도 ●●●○○

사용컬러 ●●

안에 무엇이 들었을지 너무 기대돼요!

Column clues (top to bottom, columns left to right):

		2	2							2				
		2	1	2						2	1	2		
	5	1	1	1	4	6	4	6	3	1	3	2	5	
3	2	2	1	1	1	1	2	2	4	1	1	2	2	3
8	1	1	7	9	9	1	1	1	7	2	7	6	2	7

Row clues:

			4	5
		6	3	3
	2	2	2	2
		3	4	4
				13
		2	6	3
			8	5
4	3	2	4	1
3	3	4	2	1
1	3	1	2	1
1	3	1	2	1
1	3	1	2	2
1	3	1	2	1
	1	3	2	1
		3	3	5

난이도 ●●●○○

사용컬러 ●●

찍찍!

Column clues:

										2		1	2	
				1	2					3		5	3	
			1	4	3			3	6	2		3	4	
		2	4	2	2			1	3	3		1	1	5
		3	1	3	3		9	4	2	1	1	1	1	1
	4	1	1	3	3	12	1	2	1	1	5	1	1	1
2	2	3	5	1	1	1	1	1	2	3	9	3	2	1

Row clues:

				4	4
2	2	2	2	2	2
1	4	1	1	4	1
1	4	1	1	4	1
	1	4	4	4	1
			9	2	2
					10
		3	2	3	3
	1	2	3	2	3
1	2	3	2	1	3
				2	12
	2	8	1	1	3
			6	2	3
				5	5
					8

난이도 ●●●●

사용컬러 ●●

보고 있으면 마음이 평온해져요

				5										
			3	4	9						6	6		
3	5	5	5	1	1	7	5	2	7	10	5	5	6	4
3	4	4	3	2	4	6	5	5	5	4	3	3	5	4

			3	3
			5	5
			5	6
			5	6
			4	6
			3	9
			7	3
			6	5
			7	7
4	1	3	1	5
	4	4	1	5
	4	5	2	4
		4	5	4
		3	3	4
				3

난이도 ●●●●◐ 사용컬러 ●●

A25 가을이 되면 여기저기 많이 보여요

Column clues (top to bottom):

Column	Clues
1	1
2	3 3
3	1 1 2 1 1 1 2
4	2 1 1 1 1 1 2
5	2 1 2 1 2 1 1 1
6	2 1 1 1 1 1 1 2
7	6 3 4
8	2 8 2
9	6 2 1 1 2
10	2 1 1 1 2 1 1
11	2 1 2 1 1 2
12	2 1 1 1 1 1
13	1 1 2 1 1 1
14	3 3
15	1

Row clues (left to right):

Row	Clues
1	1
2	3
3	3 1 1 1 3
4	1 1 2 1 1 1 2 1 1
5	2 1 3 1 3 1 2
6	2 1 2 1 2 1 2
7	1 1 1 1 1 1 1
8	5 3 5
9	2 11 2
10	5 2 6
11	1 1 2 1 1
12	2 1 4 1 1
13	3 1 3
14	2
15	2

난이도 ●●●●

사용컬러 ●●

A26 네덜란드의 상징이에요

					5	8	7	7	9	10	9	7	7	8	5		
			5	4	4	3	3	3	2	5	2	3	3	4	4	4	6
		1															
1	3	1															
2	3	2															
		11															
		11															
		11															
	11	1															
1	11	1															
1	9	1															
2	5	2															
3	1	4															
5	1	5															
5	1	5															
		11															
		5															

난이도 ●●●●○ 사용컬러 ●●

A27 삐약삐약

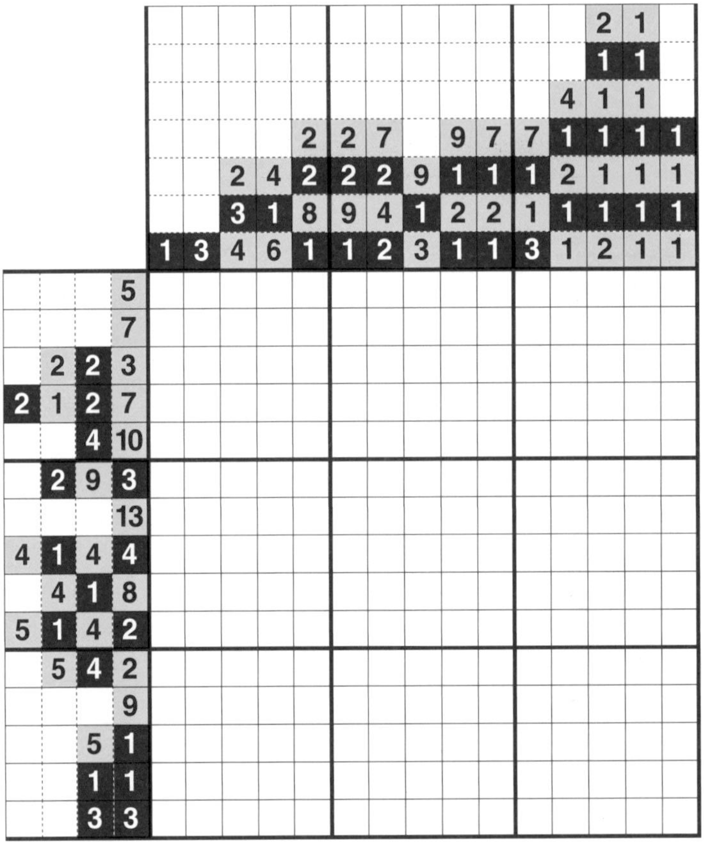

NemoNemo Logic 컬러편

PART 8

SIZE : 20×20 25×25

난이도 ●●○○○ 사용컬러 ●●●

B28 다쳤을 때 필요해요!

Column clues (top to bottom):

Column	Clues
1	14
2	2 13
3	2 13
4	1 13
5	1 5 2 6
6	5 5 2 6
7	6 5 2 6
8	2 1 2 8 3
9	2 1 2 8 3
10	2 1 2 8 3
11	2 1 5 2 6
12	2 1 5 2 6
13	2 1 5 2 6
14	6 13
15	5 13
16	1 13
17	1 14
18	1 2 2
19	3 2
20	13

Row clues (left to right):

Row	Clues
1	8
2	10
3	2 2
4	3 2 6 2 4
5	2 2 2 2
6	2 2 2 3
7	1 2 1
8	17 1
9	17 1
10	7 3 7 1
11	7 3 7 1
12	7 3 7 1
13	4 9 4 1
14	4 9 4 1
15	7 3 7 1
16	7 3 7 1
17	7 3 7 2
18	19
19	18
20	16

난이도 ●●○○○

사용컬러 ●●●

B29 영어로는 동키라고 해요

		1		1			1												
1		2	8	3	2		3	4					4	4					
1	2	2	1	6	2		11	4	1	5	4	4	2	2	4		1		
2	3	3	2	1	13	19	1	11	10	1	2	2	4	4	1	10	9	5	6

				1	2
	1	1	1	1	1
	1	1	1	1	1
	1	1	2	1	1
					6
	1	2	1	2	1
	1	2	1	2	1
				7	1
				8	1
	1	2	1	5	1
			5	12	2
			4	13	2
				13	2
				13	2
		6	5	2	2
2	1	2	5	2	1
	2	2	2	2	1
		2	2	2	2
		2	2	2	2
		2	2	2	2

난이도 ●●●●●

사용컬러 ●●●

B30

한복에 신는 양말

1	2	3	4	5	6	7	8	9	10	11	12	13	14	15	16	17	18	19	20
																	3	1	
4												2	2	2	2	3	2	1	
3	9	1		6	11	10	2	2	2	2	2	2	2	2	2	2	2	2	
3	1	7	11	4	1	1	2	2	2	2	2	2	2	2	4	3	1	4	
6	1	3	2	3	1	3	1	2	2	9	2	2	2	2	1	2	1	2	13
1	6	5	2	4	4	2	2	1	1	1	1	1	1	2	3	3	3	3	3

					6	9	4
			2	4	9	2	1
						7	4
					7	9	1
					7	9	1
					6	1	1
				4	2	1	1
					7	1	1
					7	1	2
			3	4	3	1	2
	1	1	3	4	1	4	2
				3	1	7	2
			1	1	3	2	1
			1	3	2	2	2
2	1	1	2	2	1	2	1
			4	3	2	2	2
						6	1
					3	2	5
						7	6
							19

난이도 ●●●

사용컬러 ●●●

짧은 다리가 너무 귀여워요

Column clues (top to bottom, columns 1–20):

Column	Clues
1	11
2	8 1
3	10 1
4	9 3
5	10 1
6	8 1 1
7	9 3
8	9 2
9	9 2
10	4 11 2
11	1 4 8 2
12	2 4 8
13	3 2 1 2 1
14	2 2 1 1
15	2 1 2 1
16	4 3 4
17	3 4 2 1
18	2 1 2 1 4 1
19	1 6 3 3
20	4 5 2

Row clues (left to right, rows 1–20):

Row	Clues
1	3 3
2	1 2 2 1
3	1 5 1
4	11
5	2 2 1 2 1
6	2 2 1 2 1
7	3 2 2
8	7 1 2 1
9	9 3 2
10	10 1
11	11 1
12	11 1
13	12 2
14	12 1
15	13 2
16	5 7 2
17	1 1 1 3 4
18	1 2 2 2 2 2
19	1 1 1 4 1 1 1 1
20	7 4 8 1

난이도 ●●●

사용컬러 ●●●

B32 노릇하고 따듯한 식빵이 짠!

Column clues (columns 1–20, read top to bottom):

				2															
			3	4															
			4	2	1	1	1	1	1	1	1	1	1	2					
			2	2	1	1	1	1	1	1	1	1	1	4	8		5	4	
		3	2	2	2	2	2	2	2	2	2	2	2	2	2	3	1	1	2
2	10	2	3	3	3	2	2	2	2	2	2	3	3	3	2	13	3	5	2

Row clues (rows 1–20):

			12
		2	3
		1	2
		1	2
		1	2
		1	2
1	1	2	2
	2	12	3
			17
			18
		1	3
1	2	1	1
1	2	1	3
	1	1	1
1	2	1	1
1	2	1	2
		1	4
			19
			18
		3	3

난이도 ●●●○○

사용컬러 ●●●

B33 한여름의 뜨거운 햇빛을 막아줘요

Column clues (left to right, top to bottom):

Column	Clues
1	2
2	3
3	3 3
4	4 1 1 3
5	5 1 1 3 1
6	6 1 2 2
7	3 2 3 5
8	3 3 3 4
9	2 4 3 2
10	1 2 5 2
11	7 1 1 2
12	7 1 1 11
13	7 1 1 2
14	1 2 5 2
15	2 4 3 2
16	3 3 3 3
17	3 2 2 4
18	6 1 1 5
19	5 1 1 2 2
20	5 2

Row clues (top to bottom):

Row	Clues
1	9
2	4 1 3 1 4
3	4 2 3 2 4
4	4 2 5 2 3
5	3 3 5 3 3
6	4 3 5 3 3
7	18
8	1 3 4 3 4 2 1
9	2 3 3 2 3
10	1
11	1
12	2 1
13	3 1
14	3 1
15	3 1
16	17
17	16
18	2 1 3
19	3 1 3
20	3 1 2

난이도 ●●●○○

사용컬러 ●●●

B34 아랫부리에 주머니가 달려있어요

					1	2	1												
				2	3	3	1												
				1	1	1	2		1	1	2	4	1	2		2			
				4	4	4	3	1	2	2	4	1	1	1	2	1	2		
2	2	2	2	1	2	1	1	2	3	2	1	1	1	1	1	2	1		
1	1	1	1	4	2	2	1	4	1	2	1	1	1	1	3	2	1	2	
2	3	4	4	4	3	1	1	1	2	1	2	1	1	1	2	3	2	5	6
12	11	10	10	1	1	2	2	3	1	3	1	2	2	3	3	1	5	6	9

					6
				2	2
			2	2	1
			8	2	1
		7	1	1	2
		8	1	1	2
				9	10
		9	2	4	1
			1	7	1
	2	5	1	1	6
		5	2	2	2
	4	2	1	6	1
4	1	2	2	1	1
	4	1	6	2	1
		4	2	2	2
		5	2	2	3
			6	10	4
	8	2	4	2	4
	6	4	2	4	4
	4	5	2	6	3

난이도 ●●●●

사용컬러 ●●●

835 개굴개굴

							1						1						
							2						2						
						2	2	1	7	4			4	1	1				
			2		4	4	1	4	5	1	4	6	5	2	3				
		1	1	3	1	2	2	2	1	3	3	3	1	4	3	9	6	3	1
1	1	1	1	4	6	5	8	8	1	1	1	1	1	11	9	6	6	4	1

				3	3
	2	2	1	2	1
	2	2	1	2	1
					14
					15
			4	2	8
				10	3
					4
					13
					11
					6
				2	3
				3	3
				2	3
				4	4
				5	5
		4	5	5	1
					15
				7	6
1	1	1	1	1	1

난이도 ●●●●○ 사용컬러 ●●●

B36 지금이 몇 시지?

	Column clues
1	9
2	2 3 1 3 2
3	1 4 1 2 1 1 1 4
4	2 1 6 2 1 1 5
5	3 1 4 3 2 1 5
6	3 1 2 2 2 1 2 1 5
7	4 1 3 2 4 1 5
8	4 1 2 2 5 1 5
9	4 1 2 1 1 1 4 1 5
10	4 2 3 1 3 2 5
11	4 11 3
12	3 9 2
13	2 2 3
14	4 2 1
15	2 2 3 1
16	2 4 4 2
17	2 2 2 1
18	2 1 1 2
19	2 2 2 3
20	5 5

	Row clues
1	10
2	14
3	9 1 3
4	8 2 2
5	10 2 1
6	2 3 1 3 3 1 1
7	1 4 1 4 2 1 1
8	1 6 2 1 2 2 2
9	1 5 2 2 3 3
10	1 2 1 3 1 2 3
11	1 3 2 4 2 3
12	1 2 2 5 2 2 2
13	1 1 2 1 1 4 2 1 1
14	2 3 1 3 3 1 1
15	10 2 1
16	8 1 2
17	8 2 1
18	9 2 2
19	11 3
20	13

난이도 ●●●●

사용컬러 ●●●

B37 물 위에 한가로이 떠다녀요

세로 힌트 (위→아래)

열	힌트
1	1 1 1
2	3 1 1
3	3 5 3 1
4	4 8 1 1
5	1 4 9 2
6	3 3 11 1
7	18 1
8	3 2 6 2 5 2
9	3 2 5 2 6 2
10	10 1 7 2
11	10 1 4 1 2 1
12	8 1 5 1 2 1
13	4 1 1 3 1 1 2 1
14	1 1 3 1 1 1 2 1
15	1 1 1 1 1 2 3 1
16	1 1 1 1 1 1 3 3
17	1 1 1 2 4 1 1
18	2 2 5 2 1
19	9 2 1
20	8 3 1

가로 힌트 (왼쪽→오른쪽)

행	힌트
1	5
2	7
3	9
4	2 2 2 4
5	5 1 2 4
6	6 7
7	5 6 1
8	7 3
9	16
10	8 7 2
11	6 3 6 1 2
12	5 2 5 3 3
13	5 1 8 1 3
14	10 4 4
15	12 1 4
16	3 7 4 5 1
17	1 14 3
18	3 10 5
19	12
20	4 3 5

난이도 ●●●●○

사용컬러 ● ● ●

B38 빵빵~

Column clues (top to bottom):

Column	Clues
1	8
2	2 2 2 1 1
3	3 2 3 1 2
4	6 1 3 1 2
5	3 4 1 1 1
6	2 4 1 1
7	3 4 1 1
8	3 4 1 1
9	4 4 1 1
10	4 3 1 3 1
11	5 2 2 3 1
12	5 2 2 2 1
13	11 1 3 4
14	4 6 6
15	4 1 2 2
16	3 2 6
17	8 2 4
18	2 9
19	2 2 2 3
20	11 4

Row clues (left to right):

Row	Clues
1	9
2	12
3	11 1
4	10 1 1
5	9 1 1
6	1 1 1 2
7	2 1 4
8	1 1 3 1
9	2 4 1 1
10	13 1 1
11	14 1 1
12	1 2 7 3 1 3
13	1 3 5 3 2 2 1
14	4 5 2 2
15	4 4 3 2 2
16	1 9 5 2
17	1 2 2
18	12 2 2
19	4 5
20	2 3

난이도 ●●●●

사용컬러 ●●

B39 초코비를 좋아해요

Column clues (top to bottom):

Column	Clues
1	4 2
2	4 4 1 1 2
3	5 5 1 4
4	8 3 1 4
5	4 8 7
6	3 2 3 4 7
7	3 2 4 4 7
8	4 1 2 1 4 7
9	5 1 2 6 6
10	2 1 2 9 6
11	2 12 6
12	1 2 2 1 2 3 3 6
13	1 1 2 1 4 1 2 2 5
14	1 1 1 2 2 1 1 1 1 5
15	4 2 2 2 1 1 5
16	2 8 3 3
17	3 7 1 3
18	1 6 1 2
19	1 5 1 2
20	5 2

Row clues:

Row	Clues
1	9
2	7 3 2
3	6 3 5
4	4 1 3 1 2 1 1 1 1
5	3 3 2 1 1 4 1
6	3 2 2 4 2 3 2
7	3 1 4 2 4 4 1
8	3 1 2 1 2 2 1 4 1
9	1 1 1 1 3 4 2 5 1
10	1 2 1 15 1
11	1 11 3 4 1
12	1 10 2 1 2 1
13	1 10 1 3
14	3 4 3 2 1
15	9 3
16	15
17	17 2
18	2 16 2
19	2 1 11
20	11

난이도 ●●●●○ 사용컬러 ●●●

B40 꿀을 좋아해요

							1												
							1												
							1		1	1	1		1						
							1		2	2	2		1						
				1	3	3	1	2	2	2	1	2	1	3		1		1	
		1	1	1	2	6	1	5	2	2	2	4	1	6	3	1	1	4	
	4	4	5	3	6	4	2	2	1	1	2	2	1	5	2	3	5	1	
	2	1	2	6	1	3	2	1	1	1	1	2	5	2	6	4	2	2	
	1	2	1	2	1	1	3	3	3	3	3	3	3	1	2	2	1	1	4
2	2	2	3	3	3	1	4	5	5	5	5	5	4	2	3	2	3	2	2
3	2	1	1	1	1	1	1	1	1	1	1	1	2	1	1	1	1	1	2

											3	3
								1	1	5	1	1
										2	5	2
										3	9	3
1	2	1	1	1	1	3	1	1	1	1	2	1
				1	2	2	3	2	4	2	2	1
		1	2	1	2	1	4	1	3	1	2	1
		1	2	1	2	2	2	2	3	1	2	1
				1	2	2	2	4	3	2	2	1
								1	4	7	4	1
												15
												13
										2	12	2
								2	2	8	2	2
										1	10	1
										5	9	4
		1	1	1	3	1	7	1	1	1	2	1
						1	6	1	5	1	5	1
							2	4	1	6	4	1
											5	4

난이도 ●●●●

사용컬러 ●●●

B41 잭 오 랜턴이라고도 불러요

Column clues (top to bottom, columns 1–20):

1	2	3	4	5	6	7	8	9	10	11	12	13	14	15	16	17	18	19	20
										3	3								
				3	1	1			3	1	1					1			
				1	2	3	6	9	8	5	6		2	2		3			
			7	2	3	3	2	1	2	3	2	1	2	3	2	2			
			1	2	2	3	3	1	1	1	1	8	1	1	3	2	1		
			2	3	4	3	3	4	3	3	3	4	3	3	3	2	1	2	
12	15	15	3	3	2	2	2	2	2	2	3	2	1	1	3	3	2	2	10

Row clues (rows 1–20):

						3
						3
						3
						6
			4	4	2	2
			6	5	2	1
			5	7	1	2
			4	8	1	1
			4	8	1	1
	5	2	6	2	1	1
4	4	2	1	2	4	1
3	5	1	3	1	4	1
	3	4	4	1	1	1
			3	9	1	1
3	3	2	5	2	3	1
				3	14	1
			4	12	1	1
		4	4	3	3	4
					12	3
					5	5

난이도 ●●●●●

사용컬러 ●●●

B42 맛있는 음식이 끓고 있어요

Column clues (top to bottom, columns left to right):

		2	4	2		1													
	1	1	1	1	1	3	1	3			3	1				4	2	1	
	2	3	2	1	1	1	4	5	2		5	5	7		5	2	3	2	
3	2	4	2	2	1	1	1	7	7	10	7	6	7	6	8	5	4	2	3
5	1	2	2	2	1	1	3	2	7	7	2	3	1	7	2	2	2	1	5

Row clues (rows top to bottom):

								2
								4
							1	2
								8
						2	2	3
							2	9
							2	11
							2	12
				2	1	2	11	2
			1	1	2	10	1	1
					4	3	1	4
						3	8	3
							1	10
							1	10
							1	10
					2	2	10	2
					2	2	9	2
1	2	3	1	4	1	3	2	1
			1	3	3	3	3	1
			2	1	2	2	1	2

난이도 ●●●●● 사용컬러 ●●●

B43 소금구이가 정말 맛있어요

1	2	3	4	5	6	7	8	9	10	11	12	13	14	15	16	17	18	19	20
		5		1	1														
		1		2	2		8												
	3	2	6	3	3		1		6									2	
	1	1	1	1	1		1		2	5								2	4
	1	1	4	4	4		2	5	1	1			3				1	2	2
1	3	1	1	1	1		1	1	2	2	4	3	1	1	2	1	2	1	1
5	1	1	3	3	3	15	1	1	3	1	2	2	1	2	1	3	2	1	1
1	3	2	1	1	1	1	1	1	1	2	1	2	2	2	2	1	1	1	1
3	1	1	1	1	1	3	1	5	1	1	6	4	1	6	3	5	3	2	2

							7
						8	4
						12	2
			2	2	6	3	1
			3	2	5	1	1
					10	2	2
					7	2	2
		1	1	6	3	2	2
				2	4	4	2
				1	1	5	1
					1	1	9
				1	2	4	3
					1	9	1
		1	5	1	1	1	3
		1	1	6	1	1	4
		1	2	7	1	4	3
	1	1	3	2	5	1	6
1	3	4	1	2	1	4	2
		4	1	1	2	4	4
						7	2

난이도 ●●●●●

사용컬러 ●●●

B44 따뜻한 곳에서 자라는 나무

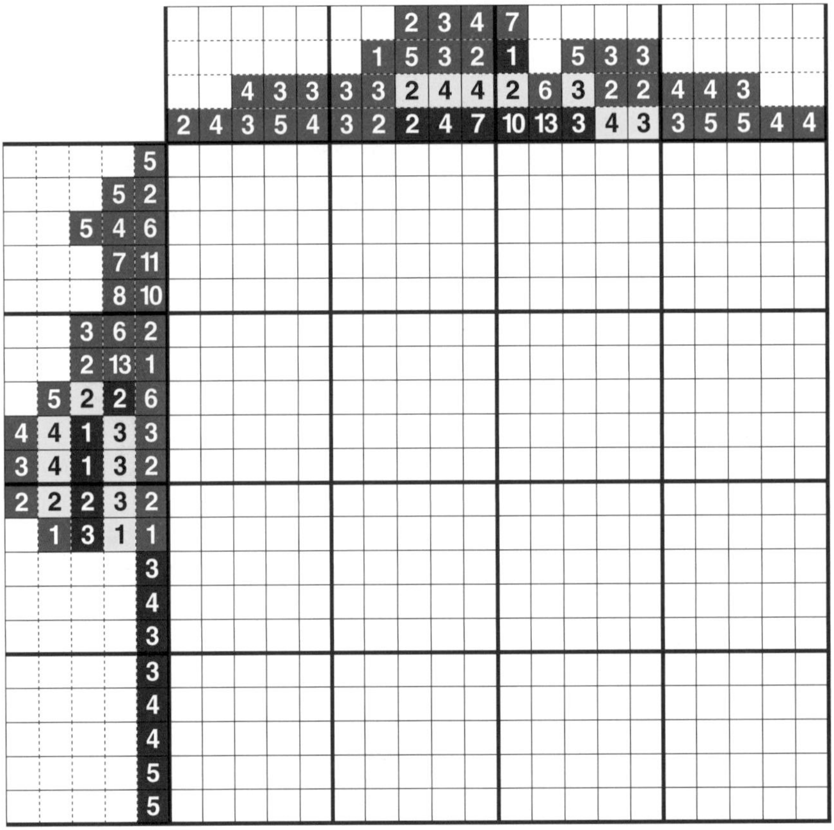

난이도 ●●○○○　　사용컬러 ○●●

B45 밤바다를 밝혀줘요

Column clues (top to bottom):

Column	Clues
1	11 2
2	10 2
3	9 2
4	8 3
5	6 2
6	6 2
7	5 2 1
8	4 5 2
9	2 3 2 7 1 3
10	14 3 2 2
11	1 1 2 3 3 3 2
12	1 1 2 2 3 3 3 1
13	1 1 4 5 3 3 2
14	1 1 4 4 3 4 3
15	1 1 2 3 3 6 2
16	3 2 4 4 2 2
17	14 3 2 1
18	2 3 2 7 1 2
19	4 3 3
20	6 2 2
21	6 2
22	8 2
23	8 2
24	10 2
25	10 2

Row clues (left to right):

Row	Clues
1	7
2	2 2 3 2
3	4 10 4
4	7 1 2 1 6
5	9 1 4 1 8
6	9 1 4 1 8
7	9 1 2 1 8
8	8 10 7
9	6 10 6
10	4 1 3 1 4
11	3 1 3 1 2
12	1 4 2
13	3 3
14	3 5
15	2 4 1
16	1 3 1
17	5 3
18	5 4
19	4 5
20	2 4 2
21	1 5 1
22	14
23	3 1 2 3 2 3 2 1 2
24	25
25	1 3 3 3 3 2

난이도 ●●○○○

사용컬러 ●●●

B46 시금치를 먹으면 힘이 생겨요!

행	가로 힌트
1	10
2	3 2 3
3	1 2 1 3 1 1
4	3 2 10 2 2 2
5	2 13 4
6	1 4 5 5 2 1
7	1 3 1 3 2 1 2 2 2
8	3 2 2 1 2 2 7
9	2 4 4 1 2 1 2 1 2
10	1 7 2 4 1 2 1
11	1 7 1 4 2 2 1
12	1 4 3 1 5 3 1
13	1 1 1 2 2 9 1 1 1
14	1 4 8 3 2
15	1 2 1 2 7 3 1
16	3 3 6 3 1
17	1 4 4 3 2
18	1 1 2 7 2
19	1 2 2 4 3
20	1 3 5
21	4 4 1
22	2 2 2 3 9
23	1 4 3 3 3 3 3
24	2 7 3 7 4
25	25

열	세로 힌트 (위에서 아래로)
1	4 2
2	2 2 3 4
3	1 6 3 1 2 2 1
4	3 2 5 1 2 1 1 3 1
5	1 2 7 7 3 1
6	2 2 2 1 1 12 2 2 1
7	1 2 4 4 2 3 1 3 2 1 1
8	1 2 1 1 1 1 2 4 2 2 3 1 1 1
9	1 2 1 3 2 1 1 3 2 2 2 1 1 1
10	1 2 2 2 2 1 1 4 2 1 3 2
11	1 2 3 3 2 4 2 3 1 2
12	1 2 1 1 2 1 1 1 1 4 2 1 1 1 2
13	1 3 1 2 2 1 1 4 2 1 2 1 1
14	1 3 1 2 2 1 1 3 2 1 2 1 1
15	2 5 3 1 6 1 2 1 1
16	8 1 2 5 2 1 2 1
17	3 4 5 2 1 2 1
18	1 1 5 4 1 2 1
19	3 4 1 2 1 1
20	2 2 5 3
21	5 3
22	2 1 1 2
23	1 2 2 2
24	3 1
25	1 1

난이도 ●●○○○

사용컬러 ●●●

B47 귀여움 가득한 낙타과 동물

										3														
										2	1	1		1	1	1								
										1	2	2		1	1	1			2					
										2	2	1	1	1	1	2		1	1					
										2	2	1	1	1	2	4		2	5					
				11	10	10		10	10	2	1	1	1	2	2	3	1	1	4	3				
	14	12	11	1	1	1	10	1	1	1	4	4	1	1	1	1	1	5	4	9				
	6	2	1	5	6	1	1	3	2	3	1	1	1	1	1	3	12	8	7	6				
25	5	3	1	1	3	7	7	3	4	2	5	5	2	1	1	2	6	7	1	7	25	25	25	25

		10	1	5	2	1	4
		10	1	5	1	1	4
10	1	1	1	1	2	1	4
		11	1	2	1	1	5
			11	3	3	1	6
			10	3	2	1	6
		10	1	1	1	1	6
		10	2	3	1	1	6
			11	2	3	1	6
				12	6	2	5
			5	8	3	1	5
		3	2	3	3	1	5
		2	1	1	2	2	4
		2	1	1	3	1	4
			1	1	3	1	4
			1	1	3	1	4
		1	1	2	4	1	4
		1	1	3	3	2	4
	1	1	2	2	3	2	5
1	1	2	6	1	1	5	5
2	2	4	1	2	1	3	5
2	1	3	2	2	1	3	5
	3	3	3	2	1	3	5
		3	3	2	4	4	5
3	2	3	2	4	2	3	6

난이도 ●●●●● 사용컬러 ●●●

B48 치카치카 깨끗하게 닦아요

													5	7	8									
										6	7	8	3	1	1		6							
										3	3	1	1	1	1	8	1	7	7					
				1				7	7	2	3	1	1	1	1	1	1	3	3	8	7			
1	1	1	1	1	7	11	7	1	1	2	2	3	1	1	1	3	2	3	2	1	1	8	11	
1	4	1	4	2	1	3	5	2	2	1	2	1	1	1	1	1	1	2	3	2	3	4	3	10
2	2	2	3	3	7	5	3	3	2	2	1	1	1	1	1	1	1	1	1	1	2	5	5	4

								11
								15
								17
								19
								19
							8	11
					5	2	3	7
					5	1	2	5
							3	3
					2	4	4	2
			2	1	2	2	1	2
				2	2	1	2	2
						1	1	2
						1	3	1
							1	1
						7	10	2
					2	2	2	1
		1	2	1	1	5	2	1
1	1	1	1	1	5	1	1	2
		1	1	1	1	1	9	2
					4	3	2	6
						2	9	3
						6	1	3
							11	4
								25

난이도 ●●

사용컬러

B49

복을 가져다 주는 고양이

세로 열 힌트 (왼쪽부터, 위에서 아래로)

1. 15 10
2. 4 7 2 3 6 3
3. 2 3 1 3 1 6 2
4. 3 1 1 1 2 5 2 1
5. 1 4 2 1 1 2 4
6. 1 3 1 1 1 3 1
7. 2 2 1 2 1 1
8. 1 2 2 1 2 1 1
9. 2 2 1 1 2 2 4 1 1
10. 3 1 4 2 2 2 1
11. 3 1 2 1 2 1 2 1 1 3
12. 2 2 3 1 1 1 2 1 1 2
13. 1 2 3 2 2 2 2
14. 2 3 1 1 2 1 3 3
15. 1 4 1 1 2 1 1 2 4 1
16. 2 1 2 1 2 1 1 1 2 2 1 1
17. 1 3 3 1 1 1 1 1 2 1 1 1
18. 3 2 4 1 4 1 1
19. 2 9 3 1 1
20. 1 2 5 3 3
21. 1 1 3 1 2 1 8
22. 1 1 1 1 1 2 8
23. 1 1 3 1 2 2 8
24. 1 2 1 4 3 8
25. 2 9 6 8

가로 행 힌트 (위에서부터, 왼쪽에서 오른쪽으로)

1. 3 4 6 3 9
2. 3 1 1 2 4 2 1 2 2 5 1
3. 2 2 2 2 2 2 2 1 1 1 2 2
4. 2 1 3 4 1 3 3 1 1 1
5. 1 2 3 3 3 1 2 1 1 1
6. 1 1 8 2 4 1
7. 1 1 4 1 4 2 5 1
8. 1 1 2 2 2 2 2 1 2 1
9. 1 1 5 2 1
10. 1 1 4 3 4 2 1
11. 1 2 1 2 2
12. 2 1 3 5 4 1 1 1
13. 2 1 3 2 1 1
14. 1 1 4 4 2 2 1
15. 1 1 14 1 3 2
16. 2 5 2 2 3 4
17. 1 1 4 1 5
18. 1 2 1 1 2 1 6
19. 1 2 1 1 2 4 5
20. 1 2 1 1 2 5
21. 1 2 1 1 1 5
22. 1 2 2 3 1 5
23. 2 2 1 2 4 6
24. 3 1 1 1 1 4 6
25. 25

난이도 ●●●●● 사용컬러 ●●●

B50 푹 쉬는 게 가장 좋은 치료약이래요

열	힌트
1	10 2 5 2 6
2	11 1 4 2 3 4
3	11 2 3 1 2 6
4	12 1 2 1 2 7
5	4 8 4 9
6	2 8 2 1 2 5
7	1 8 2 3 4
8	1 4 2 1 3 3 1
9	4 1 1 4 2 2 1 1
10	4 1 3 3 1 2 1 2
11	4 2 3 3 2 6
12	3 2 1 4 9
13	4 1 2 5 7
14	4 5 7
15	4 5 7
16	3 1 1 5 7
17	4 2 3 5 7
18	4 2 3 5 8
19	4 1 1 6 8
20	4 1 2 1 9
21	5 2 2 7 3
22	1 8 1 1 3 1 8
23	2 6 2 4 7
24	2 11 6 6
25	4 7 9 5

행	힌트
1	8 13 4
2	6 16 3
3	5 19 1
4	5 6 3 8 1
5	4 4 5
6	4 3 3 3 4
7	4 3 4 4 4
8	4 3 4
9	4 3 4 4 1 2
10	4 2 1 2 2 2 2
11	1 3 1 2 2 1 2 2 2
12	3 1 1 2 1 2 1 1
13	2 2 1 1 11 1 2 1
14	5 2 11 1 2 2
15	6 1 12 1 1 3
16	3 1 1 6 9 2 3
17	1 2 1 2 2 2 7 2 4
18	2 2 1 1 1 5 3
19	1 2 2 12 2
20	2 3 14 1
21	2 4 16
22	1 24
23	1 8 1 10 1 4
24	1 7 1 11 1 4
25	1 6 1 12 1 4

난이도 ●●●

사용컬러 ●●●

B51 나무 줄기에서 생활해요

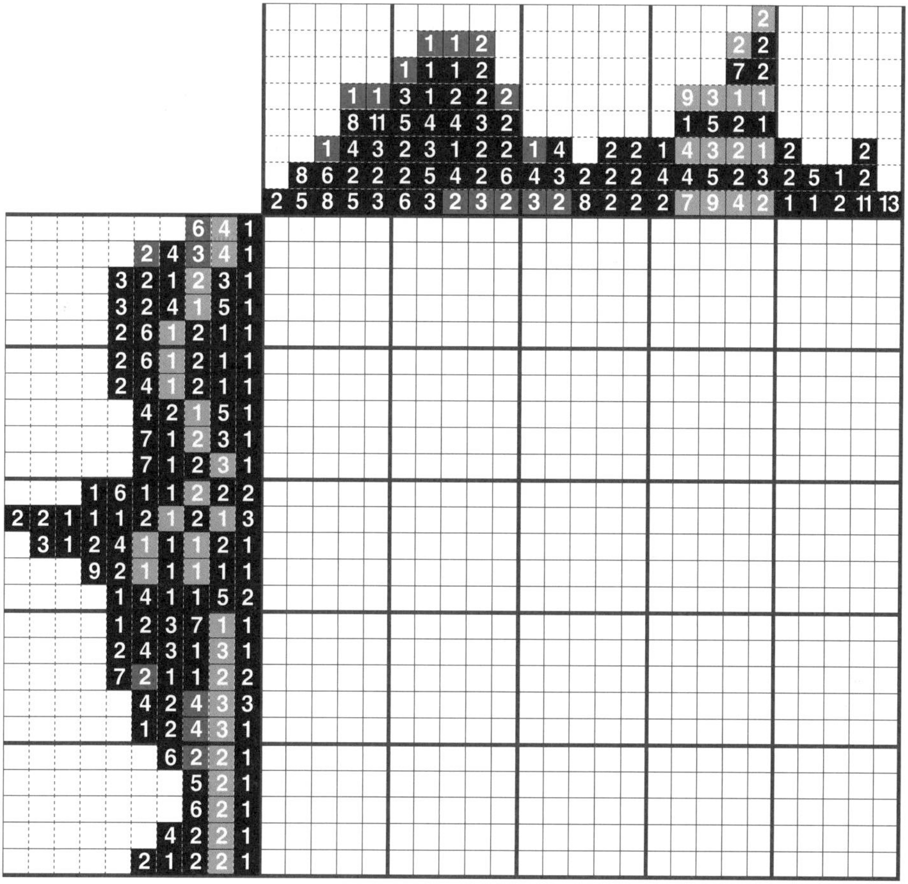

난이도 ●●●○○

사용컬러 ●●●

B52 여름이 기다려지는 이유!

Column clues (top to bottom):

1	2	3	4	5	6	7	8	9	10	11	12	13	14	15	16	17	18	19	20	21	22	23	24	25
																	1							
								2	2	2			2				1							
				1		2	1	1	1	1	2	2	1	2	2	2	2	2	2					
				3	2	3	1	2	2	2	1	1	2	1	1	1	2	4	2	1	3			
		1	3	1	3	1	2	1	2	2	2	2	1	2	2	2	3	1	2	3	1	3	1	
	3	1	2	2	2	1	6	2	1	1	3	2	1	2	2	2	3	1	1	1	2	2	3	
	1	1	3	4	1	2	3	9	7	2	1	1	1	2	1	9	2	1	2	2	4	2	1	5
5	3	5	6	1	4	2	1	1	1	6	6	5	6	6	7	1	1	1	2	4	1	4	4	3
6	3	2	1	1	1	1	1	1	3	5	5	5	5	5	5	3	1	1	1	1	1	2	2	3

Row clues:

Row	Clues
1	9
2	11
3	11
4	17
5	15
6	5 3 2
7	5 2 2 6
8	5 1 5
9	4 1 4 2 4
10	2 2 2
11	6 6
12	3 1 5 1 4
13	3 1 1 2
14	1 2 2 1
15	2 3 5 5 3 2
16	1 2 2 11 2 2 1
17	1 1 3 11 2 1 1
18	1 2 2 9 2 1 1
19	2 5 10 3 3
20	1 4 2 10 7
21	1 3 10 4
22	1 3 6 3
23	2 2 8 2 1
24	3 2 8 1 3
25	5 16 4

난이도 ●●●

사용컬러 ●●●

B53 씽씽 달리니까 너무 신나요

Column clues (columns 1–25, top to bottom):

1	2	3	4	5	6	7	8	9	10	11	12	13	14	15	16	17	18	19	20	21	22	23	24	25
														1			1							
											4	4	1	2			2	2						
						2					2	2	2	1	1		3	4						
						2	1			4	1	1	1	2	3	2	1	2						
			7	7	7	3	3	4	4	2	1	2	3	4	3	2	3	4	8		8	8		
		7	1	2	4	3	4	2	1	1	1	1	2	2	4	6	1	1	3	8	2	3	8	8
		3	1	1	7	5	4	5	6	3	5	5	5	5	1	1	5	5	3	2	1	2	3	2
7	7	1	2	4	1	2	3	2	2	2	2	2	2	1	4	5	1	1	3	2	4	3	3	3
2	3	2	4	4	1	2	4	3	4	2	2	1	1	2	3	2	2	1	1	2	3	3	4	5

Row clues (rows 1–25):

Row	Clues
1	8 9 8
2	7 6 2 7
3	6 10 2 6
4	6 11 1 6
5	7 2 1 1 4 6
6	7 2 1 1 2 6
7	7 1 3 2 1 7
8	2 2 3 8
9	2 2 2
10	6 4 2
11	6 5 3
12	2 8 5 1 3
13	2 1 3 1 5 2 2 1
14	1 4 3 2 2 1 2
15	5 1 2 5 3
16	3 1 3 2 4 3
17	2 8
18	3 10 1
19	2 10 2
20	3 4 4 3
21	6 4 3 1
22	3 4 5 4 1 2
23	3 1 3 4 3 1 1 4
24	3 1 9 3 5
25	3 3 6

난이도 ●●●○○ 사용컬러 ●○●

B54 두 귀가 쫑긋한 귀여운 작은 토끼

															1									
															1	1								
							1								1	1								
							2					1	2		2	2								
						7	2		6	1	6	1	2		3	9	1	2						
						3	2	2	1	2	1	2	2	8	3	2	2	2	1					
					2	5	6	1	1	1	1	1	2	1	1	1	2	4	5					
		2	2		4	1	1	6	6	6	5	2	2	4	2	1	8	4	8	2	2	2	3	
	4	1	2	12	3	1	1	1	1	1	2	1	4	3	1	1	2	5	8	19	17	14	11	
11	3	2	2	3	5	1	1	2	2	2	2	3	3	3	1	1	1	2	2	3	4	6	7	19

						2	7
		1	2	1	2	3	3
		1	1	1	3	3	2
	1	1	1	1	2	3	2
	1	1	1	1	2	3	2
	1	1	1	1	1	4	1
		2	3	2	1	4	2
			3	3	2	4	1
			2	2	1	4	1
			1	1	1	4	1
	1	1	1	1	1	4	1
	1	1	1	1	1	4	1
		1	1	1	1	4	1
		2	3	2	1	4	1
				8	7	4	1
			14	1	4	5	1
		2	3	9	3	5	1
			5	12	2	5	1
1	2	7	2	3	1	5	2
		1	1	8	5	4	3
	1	1	7	2	1	4	3
	1	1	5	5	1	3	4
		2	8	3	2	3	5
					6	12	7
					8	7	10

난이도 ●●●○○

사용컬러 ●●●

B55 대나무를 좋아해요

Column clues (left to right, top to bottom):

Column	Clues
1	1 12
2	2 2 6 2 3
3	1 2 2 6 4 1
4	2 2 1 7 6 1
5	3 1 12 4 1
6	3 2 9 4 1
7	3 2 10 3 1
8	2 1 11 3 1
9	1 1 12 3 2
10	1 12 4 1
11	1 13 4 1
12	15 5 1
13	3 6 2 2 4 6 1
14	3 2 3 3 1 3 9 1
15	3 1 4 3 2 4 7 1
16	3 1 3 2 1 2 1 1 3 7 1
17	1 2 2 1 2 1 1 1 1 2 3 1 3 2 1
18	1 5 4 1 1 3 2 5 1 1
19	1 5 2 1 1 1 1 4 6 1 1
20	1 2 2 4 1 1 2 2 8
21	1 2 3 2 1 2 3 1 5 2 1
22	3 1 4 3 10 3
23	3 2 3 3 11 3
24	4 6 11 3
25	2 7 8 2

Row clues (top to bottom, left to right):

Row	Clues
1	3 3 3
2	3 13
3	3 4 5 4
4	4 3 1 10 1
5	4 3 1 2 3 2 3 2 1
6	6 1 4 2 4 1 1
7	5 1 1 3 4 3 1 1
8	2 2 2 1 2 1 3 2 2 1 1
9	2 1 4 4 3 5 1
10	1 2 5 3 1 1 1 2 1 3 1
11	1 10 3 4 3 2
12	15 6 3
13	12 2 11
14	12 3 4 6
15	13 3 4 5
16	13 1 3 4 4
17	3 1 9 1 4 1 6
18	1 3 9 3 2 7
19	1 4 7 5 8
20	2 4 5 5 9
21	1 14 8
22	2 13 4 2 1
23	2 12 3 4
24	4 10 2 4
25	11 3

난이도 ●●●○○

사용컬러 ●●●

B56 긴 다리와 분홍색 깃털이 참 멋져요

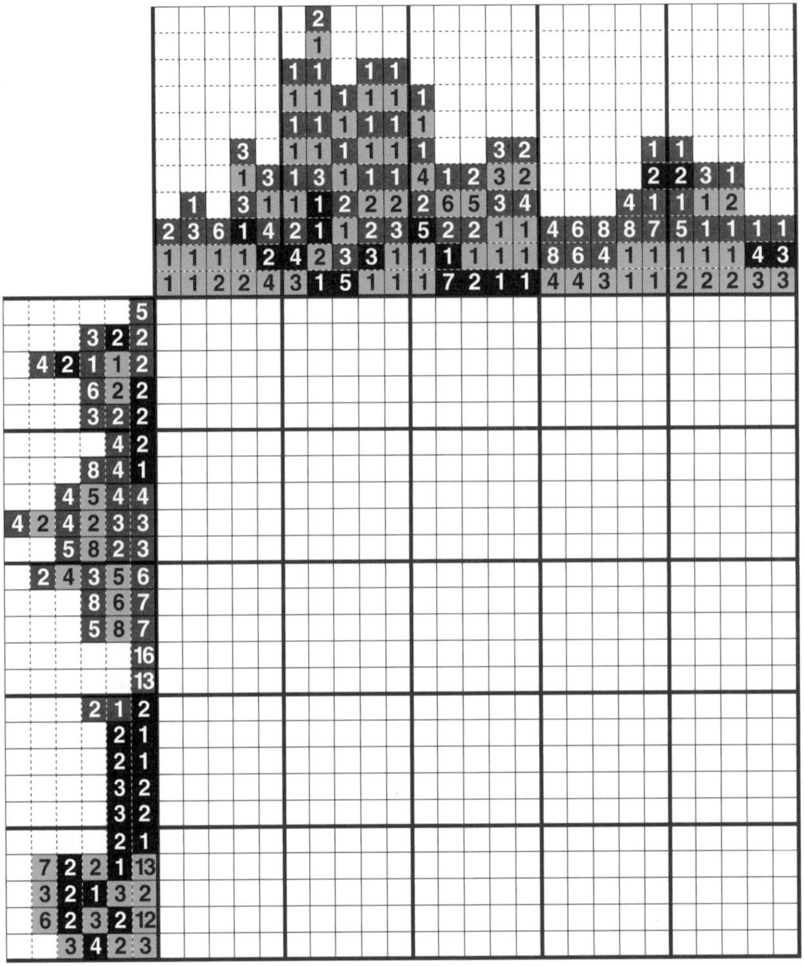

난이도 ●●●●

사용컬러 ●●●

B57 백악기 말에 멸종된 대형 파충류

Column clues (top to bottom):

Col	Clues
1	8
2	11
3	1 1 5 3 5
4	1 2 4 3 2 4
5	1 5 2 1 5
6	6 4 5
7	1 2 3 9
8	4 3 8
9	3 4 8
10	4 5 9
11	2 7 6 1
12	4 8 6 2
13	4 11 3 1
14	2 14 1
15	1 1 13 3
16	1 1 10 5
17	1 2 3 7 4
18	1 2 2 1 2 3 6
19	1 1 2 1 2 3 4 1
20	4 1 11 2 2
21	4 1 2 4
22	2 1 1 2 2 2
23	4 1 2 2
24	1 1 1 1 3
25	3

Row clues (left to right):

Row	Clues
1	5
2	3 4 4
3	2 2 1 2 5
4	2 1 2 8 1 1
5	2 1 2 12
6	1 2 1 5 1 1 1 1
7	2 1 3 4 1 1 1 1
8	3 2 2 13
9	4 2 2 13
10	3 2 3 7 1
11	3 2 2 8 4
12	3 1 2 16
13	2 2 3 13 1
14	2 1 2 8 6 1
15	2 2 1 9 1 1
16	3 3 2 2 1
17	7 4 1 1
18	13 1
19	12 1
20	11 3
21	8 5
22	13
23	4 4
24	5 6
25	1 1 1 1 1 1

난이도 ●●●●

사용컬러

B58 평생 한 마리의 암컷만 사랑한대요

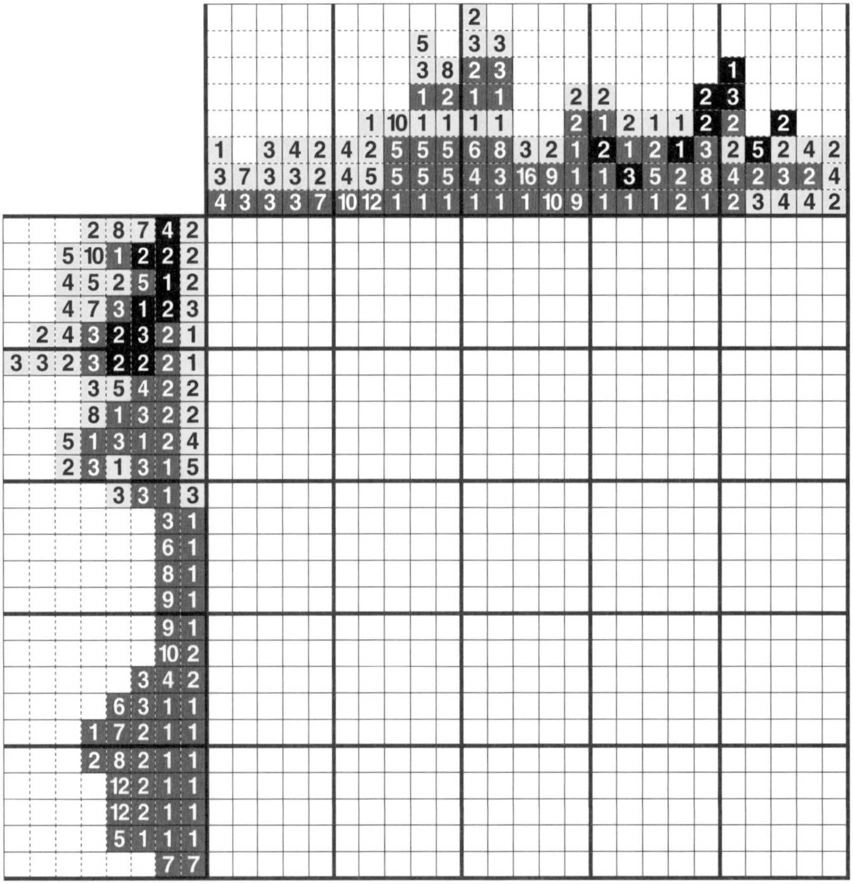

난이도 ●●●●◐

사용컬러 ●●●

B59 꿀꿀!

Column clues (top to bottom, per column):

			1				3	1	1	1			1		1	1	1							
			3			2	1	2	2	5			6		3	3	3		2					
			1	1		1	1	2	2	2	1	1	2	1	2	2	1	2	1					
	2	4	5	3	1	4	4	4	2	2	6	6	2	7	3	4	4	7	4	1				
	2	2	2	1	6	1	1	1	3	1	5	5	1	4	2	1	1	2	3	5	1			
	6	10	4	8	8	7	5	7	10	9	9	5	6	6	6	5	11	11	12	7	4	1	2	
9	4	3	2	6	1	1	3	5	2	1	2	6	1	1	2	7	2	1	2	9	8	3	1	2

Row clues:

										7	6	5
									2	4	4	2
								3	1	1	2	1
								3	1	8	1	3
										3	12	3
										1	13	2
						4	1	3	5	3	2	1
					2	1	2	2	5	2	3	1
									2	1	13	3
				1	1	1	4	4	5	1	1	1
				1	4	1	2	6	3	2	1	1
1	6	1	1	1	1	2	1	2	1	2	2	1
				1	7	2	1	2	1	3	4	1
								1	9	5	6	1
										1	20	1
								1	2	1	17	1
								1	2	1	16	1
						1	2	1	2	1	12	1
						1	2	4	8	1	3	1
			1	2	1	1	4	1	2	2	3	1
					2	1	1	1	3	5	3	1
						3	1	3	1	1	3	1
						3	1	3	1	1	3	1
											5	5
									2	2	2	2

난이도 ●●●●○

사용컬러 ● ○ ●

B60 쫑긋한 귀와 긴 꼬리가 매력적이에요

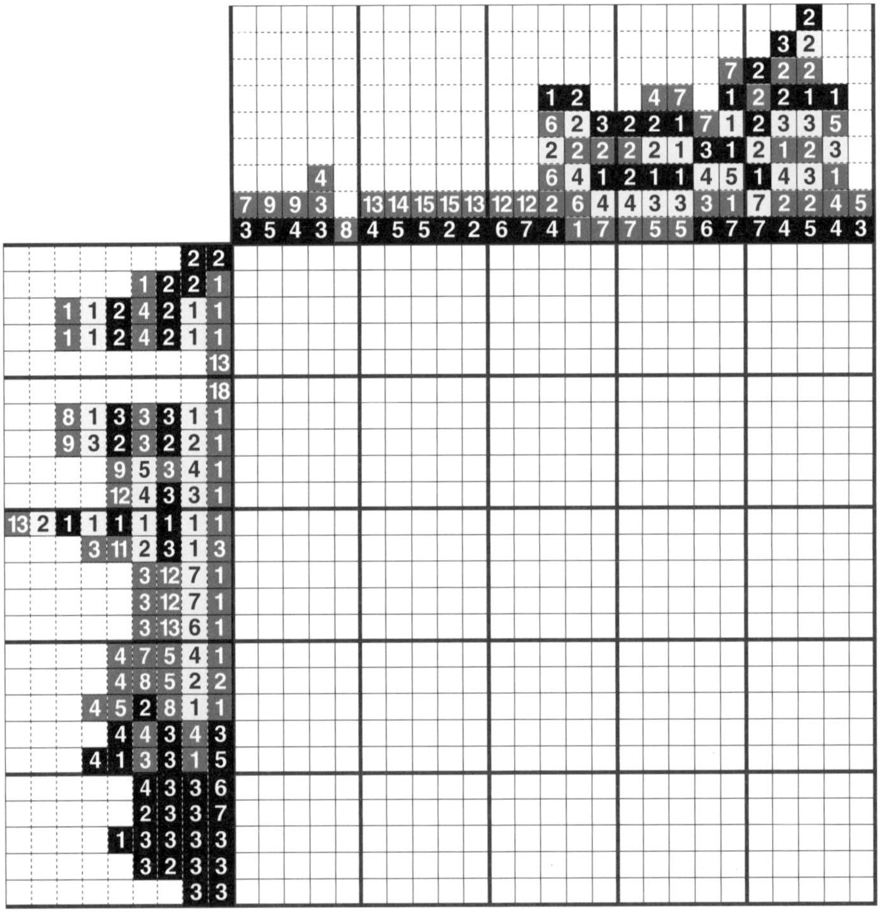

난이도 ●●●●○ 사용컬러 ●●●

B61 바닷속에서 해산물을 채취해요

Column	Clue (top to bottom)
1	9 1 1
2	1 9 1 2
3	1 10 4
4	2 8 1 1
5	6 4
6	16 4
7	20 1 1
8	2 2 12 2
9	1 2 3 10 4
10	1 3 1 1 9 1 2
11	1 3 1 2 1 2 3
12	1 3 1 3 8 3 2
13	1 3 1 1 7 1 3 2
14	1 3 4 7 2 1 1 3
15	2 2 2 8 2 1 2 1 1
16	16 2 3 2
17	4 5 2 2 3
18	5 2 1 1 2 1
19	2 6 2 1 3 1
20	2 9 2 1 1 3
21	1 8 2 2 3
22	10 2 4 1
23	2 1 2 2
24	1 2 1 2 1
25	3 2 1

Row	Clue (left to right)
1	3 3
2	1 1 8 1 1
3	1 1 2 1 2 1 1
4	3 1 6 1 1 1
5	3 1 7 1 3
6	3 3 5 4 3
7	3 12 3
8	4 2 1 1 2 3
9	4 2 1 1 1 2 4
10	3 2 4 1 5
11	7 2 7
12	8 8
13	18
14	7 8
15	7 6
16	6 5
17	5 5
18	5 5
19	5 2 11
20	5 1 11 2
21	6 1 13
22	2 2 2 2 1 1 1 2 2 3 2 2 1
23	1 7 1 1 2 1 1 1 1 1 1 1 1 1 1 1
24	2 2 5 1 2 2 1 1 1 1 3 1
25	7 4 1 1 4 2 2 1 1 1

난이도 ●●●●●

사용컬러 ●●●

B62 산골짝에 ○○○ ♪

																				2				
				1				5												1	2	2		
				2		3	7	2											3	3	1	1	3	
			2	1		1	1	2	5	3				1					1	4	1	1	1	
		2	1	1	2	2	1	2	2	1	6	7	2	7	9	4		3	5	2	2	4	3	
1	2	3	2	2	2	3	3	3	7	7	7	8	16	8	8	5	10	5	3	3	6	4	2	5
4	5	5	5	1	3	2	2	5	6	6	6	6	5	5	3	10	7	9	6	1	1	2	1	7

						3	4
					3	2	2
						6	2
							11
							11
					4	2	5
			2	1	2	5	5
					2	6	7
		2	1	3	3	3	2
2	3	2	2	1	3	1	1
	1	2	2	2	1	2	2
	3	9	2	1	2	1	2
	5	8	2	1	1	2	1
		5	7	2	1	1	2
		4	12	2	1	2	2
		4	13	2	1	1	2
		5	12	2	1	2	1
		3	8	2	1	3	1
			5	2	1	2	1
		4	3	2	1	2	1
				7	2	5	1
				7	2	4	1
					10	3	2
					12	2	3
							12

난이도 ●●●●●

사용컬러 ●●●

B63

아침마다 꼬끼오~하고 울어요

																	2							
																1	1							
			2				3	3		3	3	2		3	3	1	1					1		
			1	3		2	1	2	4	2	3	6	5	1	1	1	1				1	1		
		2	2	3	3	2	2	1	5	7	6	3	2	2	2	1	4	4		1	1	2	3	
		2	3	1	2	10	9	4	5	4	4	1	3	3	4	5	1	1	1	2	2	4	2	
1	2	2	6	7	7	2	1	2	2	3	1	1	2	2	3	2	1	6	10	6	3	2	6	11

					2	3
						7
						9
					2	3
				1	3	2
			3	2	2	1
			4	2	2	3
			2	1	2	1
			3	2	2	5
				3	9	2
1	1	1	3	2	2	1
			1	2	9	6
				11	3	2
			5	9	4	1
				5	4	7
					5	16
			6	6	3	3
				6	4	2
					16	3
					13	2
						9
					3	2
					4	4
					5	4
	1	1	1	2	1	1

난이도 ●●●●●

사용컬러 ●●●

B64 미키마우스의 여자친구예요

																2								
									2	1						1								
					1		1	1	1	2			2	1	2	2		1						
					1		2	2	1	1			1	1	1	1		1						
					3	1	7	2	1	1	1	3	2	1	1	3	1	2						
				3	3	1	1	1	2	2	5	3	2	3	1	1	2	5	1					
				4	2	1	2	2	2	4	6	5	3	2	2	2	3	1	5					
				2	4	3	4	2	2	4	1	1	4	2	3	4	1	5	1	5				
				8	2	1	1	6	3	1	1	1	1	3	6	1	2	2	8	2				
			9	1	1	10	2	3	4	2	2	2	2	4	3	2	10	1	1	2				
			6	1	1	1	2	1	2	2	2	2	2	2	1	2	1	1	1	6				
		9	2	1	2	1	1	1	1	2	2	2	2	1	1	1	1	2	1	3	9			
6	8	3	2	2	1	2	1	2	1	1	1	1	1	1	2	1	2	1	2	1	3	9	7	5

									4	3
					1	2	1	2	2	1
		3	1	1	2	2	2	2	1	3
				4	4	3	1	1	3	4
	5	1	3	1	1	1	1	3	1	5
		5	4	1	1	1	1	1	4	5
				5	2	4	2	4	2	5
		5	3	2	1	2	1	2	3	4
				4	2	4	4	4	1	4
				3	5	2	3	2	4	4
						4	6	1	5	5
2	1	1	1	1	4	1	1	1	2	1
				2	2	3	4	3	2	2
		2	3	1	1	2	1	1	3	2
				2	3	3	2	3	3	2
				2	3	3	2	3	3	2
						3	2	8	2	3
				3	1	2	6	2	1	3
						1	7	4	7	1
		1	1	2	4	4	4	2	1	1
				2	2	2	8	2	3	1
				2	2	3	4	3	2	2
						3	2	6	2	3
						3	1	4	1	3
								2	4	2

난이도 ●●●●● 사용컬러 ●●●

B65 일본출신 강아지

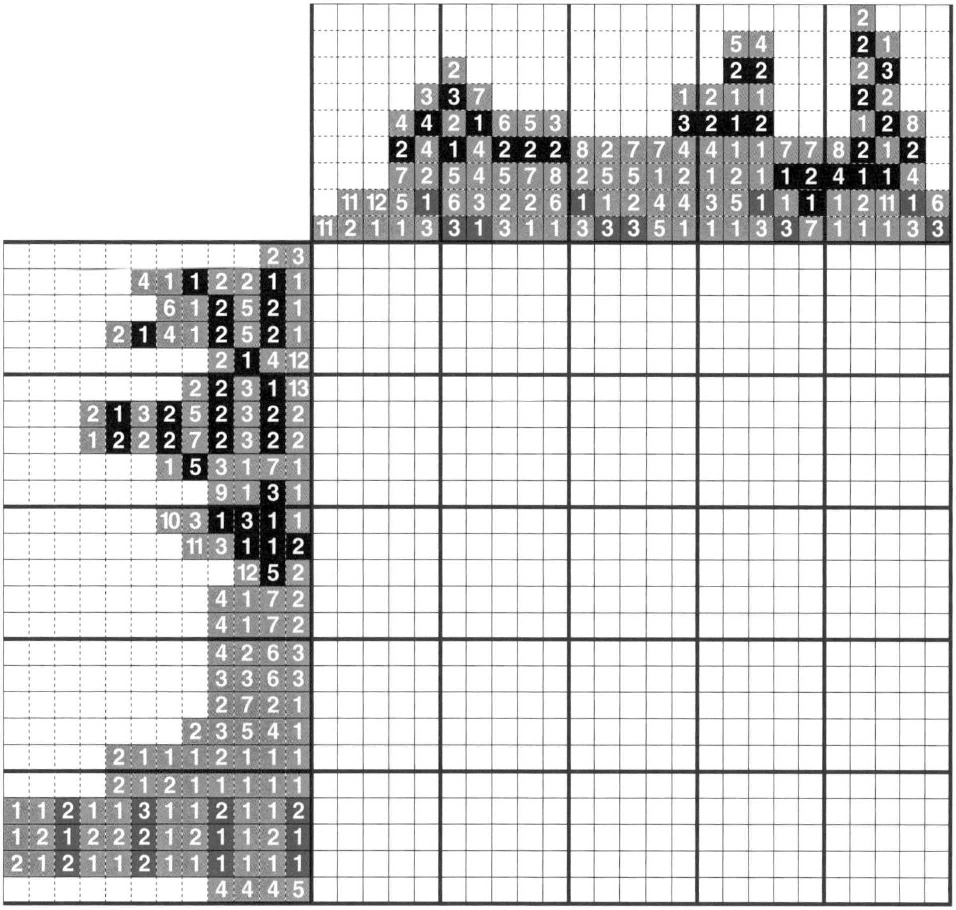

난이도 ●●●●●

사용컬러 ●●●

B66 응애~하고 울어요

Column clues (left to right, top to bottom):

Column	Clues
1	4 5
2	3 3 1 5 5 3
3	2 1 1 2 3 4 5 3
4	5 2 3 4 4 3
5	4 3 1 3 1 3 3 3
6	3 1 1 3 1 3 1 2 4 2
7	2 1 2 5 1 1 1 2 1
8	4 6 1 1 1 2 1
9	3 9 1 2 2 2
10	3 1 1 2 1 4 1 2 3 3
11	5 2 3 2 1 2 3 3
12	4 3 3 1 1 2 4 3
13	3 4 1 6 3 2
14	5 2 1 4 4 1
15	6 6 4
16	6 3 3 3
17	3 5 5 1
18	3 5 1 2
19	1 4 4 2
20	4 3 2 2
21	1 7 3
22	3 2 1 4
23	5 5
24	4 6
25	3 6

Row clues (top to bottom):

Row	Clues
1	10
2	14
3	6 1 9
4	2 1 2 1 2 2 2 1 3
5	1 1 2 1 2 2 2 2 3
6	1 12 3
7	14 2 1
8	1 4 4 4 2 1 1
9	2 2 1 1 4 2 1 1 3
10	2 2 6 2 4
11	6 2 8 4
12	3 1 6 1 3 2 3
13	4 6 4 4 1
14	1 11 1 5
15	1 7 4 1 1 1
16	1 1 6 2
17	1 4 4 2
18	2 1 5 1 2
19	2 1 1 1 6 2
20	15 3 4
21	4 5 5 5
22	4 5 9
23	5 5 8
24	5 5 3
25	4 4 2

난이도 ●●●●●

사용컬러 ● ● ●

B67 긴 꼬리를 가졌어요

Column clues (top to bottom):

Column	Clues
1	4
2	4 3 3
3	2 3 1 4 1
4	2 3 4 6 2
5	8 3 1 5
6	3 7 1 2 6 1
7	3 4 2 3 1 1 9 2
8	3 4 2 3 1 1 2 4 3 2
9	3 6 2 1 1 1 1 6 2 2
10	4 5 4 1 1 6 2 2
11	5 5 1 1 1 1 1 6
12	4 8 1 1 1 6
13	3 4 2 3 1 1 1 6 2 2
14	3 4 2 3 1 1 2 4 3 2
15	3 8 1 2 9 2
16	4 9 10 2
17	9 2 6 2 1
18	5 3 3 7
19	1 5 1 6
20	1 4 1 2 6 2
21	4 3 4 2
22	2 5 4
23	2 3 4
24	7
25	5

Row clues (left to right):

Row	Clues
1	10
2	12
3	14
4	2 3 3 3 3
5	3 5 1 5 4
6	4 11 2 2 1
7	1 2 1 11 2 2 1
8	1 2 1 1 2 4 2 2 1 3 1
9	1 2 1 1 2 4 2 2 1 3 1
10	3 3 2 6 1 2 1
11	1 4 3 6 2
12	1 1 1 3 1 4 1 2 1 4
13	1 2 8 2 2 6
14	1 10 2 2 2
15	13 2
16	4 5 6 2
17	4 7 6 4
18	4 7 10
19	5 7 2 6
20	6 7 8
21	3 2 5 9
22	1 3 4 4 1 3
23	4 4 4 4
24	2 1 4 4 1 2
25	2 5 5 2

난이도 ●●●●●

사용컬러 ●●●

B68 늦었다, 늦었어!

Column clues (top to bottom):

Column	Clues
1	4 1
2	1 2 1 1 1
3	1 2 3 1
4	2 3 3
5	5 3
6	4 4 5
7	9 4 1 3
8	4 1 2 2 2 4 2 2
9	3 2 2 3 7 1 1
10	4 1 1 1 2 6 2 1 1
11	5 3 1 2 1 7 2
12	5 4 2 1 7 1
13	3 2 2 2 2 1 7 2
14	4 1 2 2 1 2 7 3
15	4 1 1 4 1 8 2 2
16	5 5 1 1 4 3 1
17	7 2 9 1 1
18	6 2 4 4 5 1
19	7 2 4 3 1 1
20	4 2 4 3 4
21	2 1 1 5 5
22	1 1 1 6 4
23	1 1 1 3 2 1 1
24	1 1 1 2 2 1 1
25	1 1 1 3 1

Row clues (left to right):

Row	Clues
1	11
2	13
3	17
4	3 1 3 1 8
5	2 3 2 3 5
6	5 2 3 1 4 4
7	3 3 2 2 1 1 1
8	1 2 1 8 1
9	1 2 2 6 1 5
10	3 2 2 4 2 2
11	1 2 1 2 1 3 7 3
12	1 2 1 1 6 2 5
13	2 6 2 5 2 5
14	7 2 5 2 6
15	6 2 5 2 7
16	4 2 5 2 7 1
17	2 6 4 2 2 1
18	7 4 1 2 1
19	8 3 2
20	3 1 1
21	3 2 4
22	3 2 3
23	4 5 3
24	8 2 11
25	4 2

난이도 ●●●●●

사용컬러 ●●●

B69 쓱싹쓱싹 깨끗하게 치워요

열	힌트
1	2
2	3 3
3	5 2 5
4	6 3 2 1 1
5	4 4 3 2 1 2
6	5 4 1 3 1
7	8 4 1 3 1
8	6 2 3 2 1 3 2
9	5 1 5 3 3 4
10	4 2 1 5 2 3 1
11	4 2 1 6 2 2 1
12	4 1 1 6 2 2 2 1
13	3 2 1 7 2 1 3
14	4 2 1 7 3
15	3 2 2 8 5
16	4 2 4 4 2
17	8 4 4 3
18	3 1 1 3 4
19	1 1 2 4 1
20	3 1 1 1 4 4 2
21	3 2 1 4 3 3
22	3 2 4
23	2 4
24	2 3
25	1 1 2

행	힌트
1	9
2	3 11
3	17
4	11 1 3
5	8 2
6	2 3 2 2 1
7	1 2 2 2 1
8	1 1 1
9	2 2 2 2
10	2 2 2 2
11	5 6 2
12	14 4
13	2 14 2
14	3 2 1 9 1 1
15	3 1 9 5
16	2 1 6 2 1
17	1 2 5 2
18	8 3 2 2
19	6 4 1 3 2 2
20	8 7 3
21	3 8 5 4 1
22	1 1 1 3 4 2
23	1 2 2 2 4 4
24	1 5 1 1 4 6
25	3 5 3 7

난이도 ●●●●● 사용컬러 ●●●

B70 크리스마스가 되면 어딘가에 걸고 싶어요

Column clues (left to right):

1. 1 2 2 2 2
2. 2 4 1 2 2 3
3. 3 4 3 2 4
4. 1 2 2 2 11
5. 7 5 3 3 2
6. 6 3 3 3
7. 6 2 3 1 2
8. 6 1 2 2
9. 3 1 2 4 4
10. 2 2 1 6 5
11. 2 9 2 2
12. 11 1 2 1
13. 5 4 1
14. 4 1 6 2 2
15. 2 2 1 6 4
16. 2 2 1 5 2 2 1
17. 3 2 1 3 2 2
18. 6 1 4
19. 6 3 2 2 2
20. 7 2 2 3 1 2
21. 2 3 2 2 3 2 3 4
22. 3 2 2 2 1 2 4 2
23. 2 2 1 1 2 2 2 3
24. 3 4 2 2 1
25. 2 2 4

Row clues (top to bottom):

1. 7 7
2. 17
3. 5 3 4
4. 4 7 3
5. 1 17 1
6. 1 5 2 3 3 5 2
7. 2 2 4 3 2 3 2 2
8. 6 3 3 2 1
9. 1 2 3 4 3 3 2 1
10. 4 1 4 4 2 4
11. 4 1 4 4 2 1 2 1
12. 1 2 2 4 4 1 1 2
13. 4 1 4
14. 2 2 2 2 1
15. 2 2 2 3
16. 1 2 2 2 3
17. 1 2 2 3 2 1
18. 4 3 2
19. 3 3 6
20. 3 3 1 2 2
21. 2 3 3 2 3 1 2 1
22. 7 1 2 4 4
23. 2 2 2 4 1 2 2 2
24. 1 2 3 2 2 2 2
25. 7

NemoNemo Logic 컬러편

PART C

SIZE : 30×30

난이도 ●●●○○○○

사용컬러 ●●●●

C71 대어를 낚고 싶어요

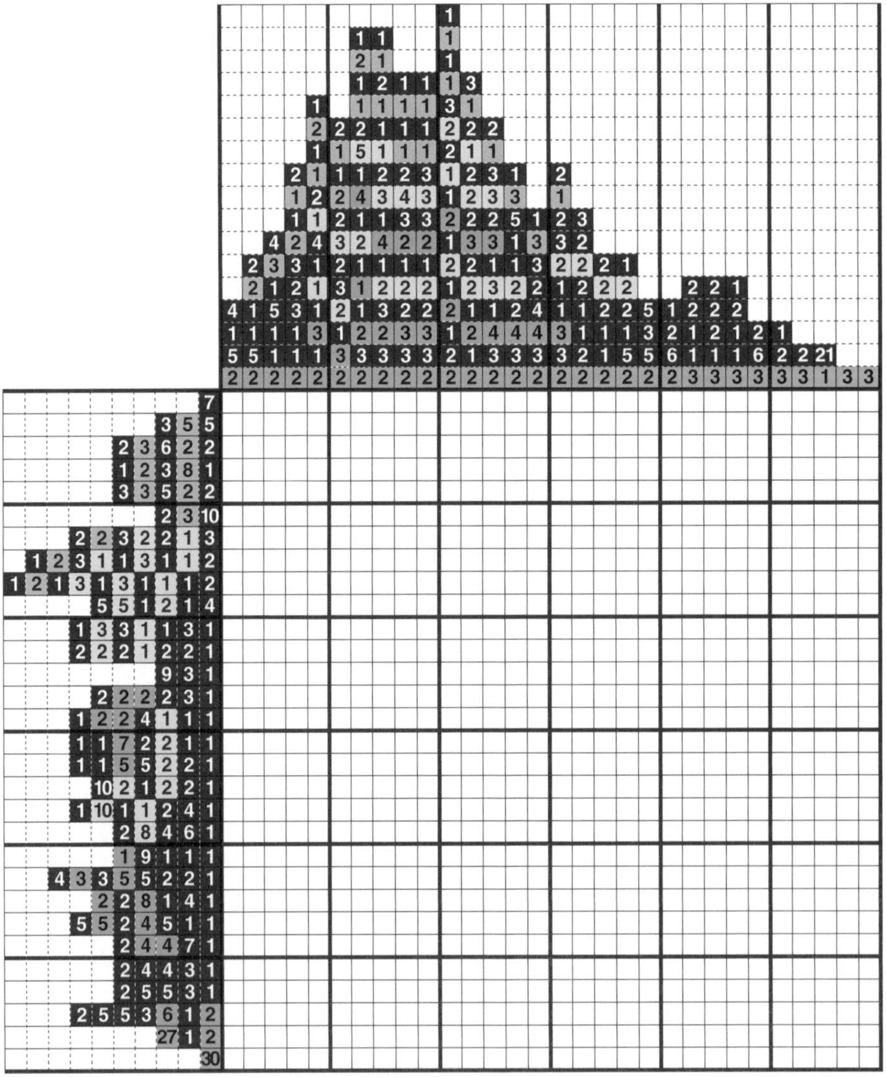

난이도 ●●●○○○○ 사용컬러

C72 피카?

Column clues (left to right, top to bottom):

Column	Clues
1	1
2	1 1
3	3 6 1
4	4 1 5 2 1
5	4 3 3 4 1 1
6	1 3 1 2 3 1 3 2 2 1
7	2 3 1 1 5 4 5 2 1
8	1 3 1 1 7 1 7 1 1
9	2 3 1 5 10 1 1
10	1 3 3 3 1 10 1 1
11	2 5 3 1 1 9 2 1
12	2 5 2 1 1 10 2 1
13	1 1 2 17 2 1
14	1 2 2 1 2 16 3
15	1 6 3 14 1 1 1
16	1 6 4 13 1 1 1
17	1 4 1 4 14 3
18	1 6 2 14 2 1
19	1 1 2 1 1 15 2 1
20	3 1 2 3 2 10 3 1
21	2 7 3 1 3 7 1 1
22	1 3 3 2 2 1 2 2 4 1
23	2 3 1 4 3 1 5 1
24	1 3 1 1 4 1 5 1
25	4 1 2 2 4 1 2 1
26	4 3 2 4 3
27	3 2 4 2
28	2 2 2 3
29	1 4 1
30	2 1

Row clues (top to bottom, left to right):

Row	Clues
1	4 2 2 5
2	3 1 3 3 1 4
3	3 3 3 2 3 3
4	2 5 2 5 1 4 2
5	1 5 2 5 2 3 1
6	2 13 2
7	2 2 2 4 2 1 1
8	3 1 2 2 4 2 1 1
9	1 2 2 6 1 5 1
10	1 3 1 2 2 1 2 1 1 1 3 3
11	1 3 1 3 1 5 2 2 1 2 1
12	1 3 1 3 2 4 1 3 1 2 1
13	1 2 2 4 3 2 2 1 2 2
14	1 3 2 3 1 4 1 3 1
15	2 1 16 1
16	1 1 1 2 13 2
17	1 1 3 14 1
18	1 2 1 14 1
19	1 2 1 14 1
20	1 17 1
21	2 16 1 2
22	3 14 1 3 1
23	2 13 1 4 2
24	5 8 2 4 1 2
25	2 7 1 4 3 2
26	2 5 2 2 1 3 2
27	1 4 2 1 3 2
28	5 1 1 2
29	1 2 1 3
30	30

난이도 ●●●●○○○

사용컬러 ●●●●

C73 일곱 난장이가 사랑하는 그녀

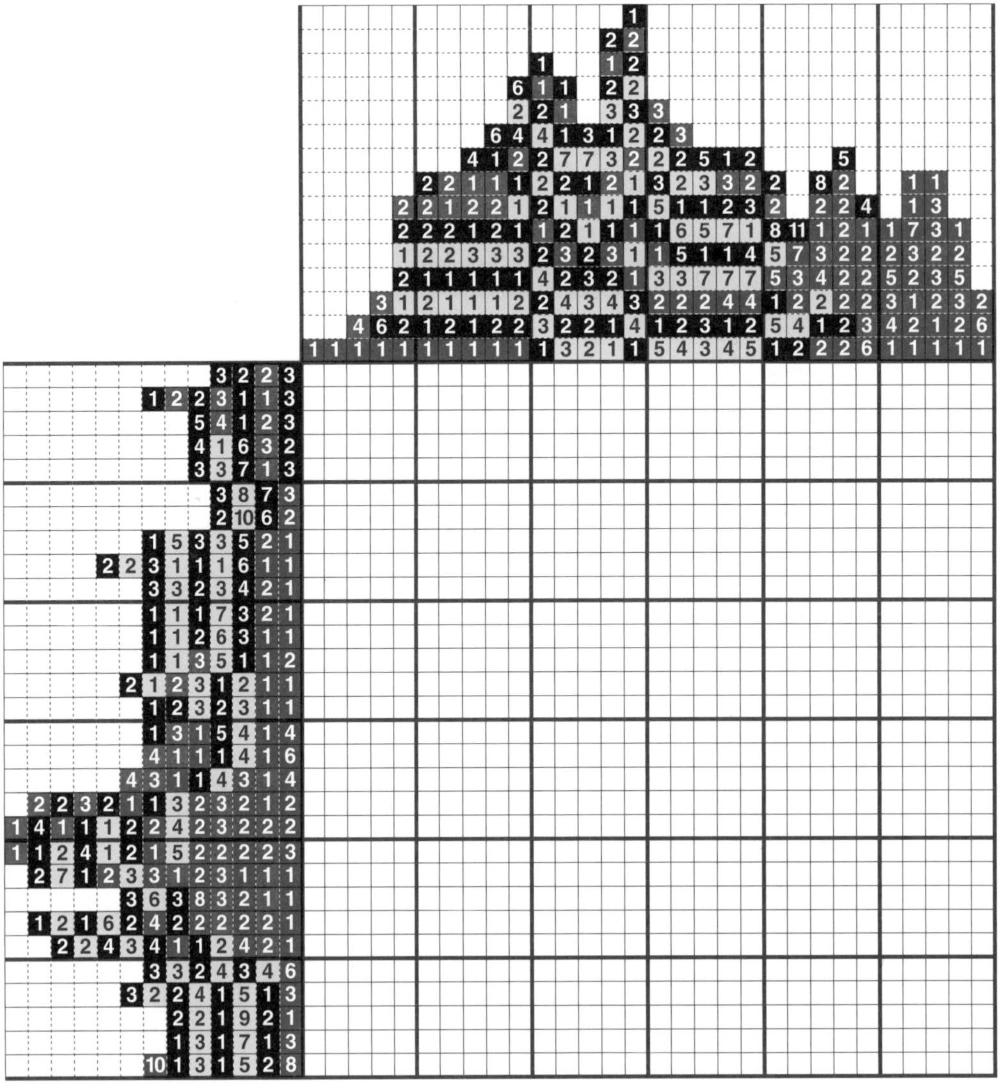

난이도 ●●●●●○○○

사용컬러 ●●●●

C74

일상 탈출!

Column clues (top to bottom):

Column	Clues
1	1 2
2	2 2
3	2 3 2
4	2 5 2 1 1 1
5	4 1 2 2 2 1 1 2
6	5 1 1 1 3 4 2 2 6 2
7	5 2 1 1 2 1 4 10 2
8	5 1 1 2 4 1 10 2
9	5 1 2 1 2 4 1 10 2
10	5 1 1 3 4 1 10 2
11	5 2 2 5 1 10 2
12	4 4 2 6 1 10 2
13	2 6 2 5 10 2
14	2 6 3 2 9 2
15	2 4 3 2 8 2
16	1 4 4 2 5 3
17	2 3 3 2 2 2 3 2 1
18	3 2 1 1 3 2 3 2 2
19	1 1 3 2 1 2 4 5 2
20	1 2 1 3 1 3 1 5 2
21	2 1 1 3 1 3 2 2 4 2
22	1 1 1 3 1 3 3 4 2
23	3 2 3 2 2 4 1
24	2 2 1 1 2 1 6
25	1 2 1 1 2 2 2 3
26	1 2 1 2 1 4 2
27	1 2 1 2 2 2 2
28	2 1 3 2 1 2 2 1
29	3 1 1 2 1 1 2 2 2
30	5 3 3 2

Row clues (left to right):

Row	Clues
1	6 5
2	8 2 2 3 2
3	8 2 3 2 3
4	14 12
5	16 2 10 1
6	4 2 3 2 9 3
7	1 1 3 1 5 6
8	1 1 1 3 7 4 2
9	2 3 5 3 3 2
10	3 2 1 4 4 2 1
11	2 3 3 4 2 4
12	7 3 2 5
13	5 5 1 7
14	1 6 1 3 1 4
15	2 5 2 2 2 1
16	2 5 3 2 2
17	3 5 1 1 2 1
18	2 1 7 1 3
19	2 2 7 4 2
20	1 1 8 2 4
21	4 9 2 3 2
22	9 3 2
23	11 2 3
24	11 3 2 2
25	12 4 2 2
26	13 5 1
27	13 4 2
28	10 2 4 2
29	4 5 3 5 5 6 2
30	3 6 3 4 7 4 3

난이도 ●●●●○○○

사용컬러 ●●●●

C75 시원한 바람을 맞으며 공원을 달려요

세로 힌트 (열 1–30)

열	힌트
1	9 2
2	4 2 2 3 1
3	7 2 2 4 1
4	13 9 2
5	7 2 2 2 2
6	5 3 3 5
7	2 4 3 1
8	2 3 4 2
9	3 2 3 3
10	5 3 2 2 4
11	4 2 5 2 2 4
12	7 2 2 1 2 4
13	5 2 1 2 2 1 2 2 4
14	4 4 2 1 2 7 2
15	3 1 2 2 1 3 2 3 1
16	3 5 1 3 3 3 1
17	3 1 2 2 1 2 1 1 1 1 8 1
18	2 4 2 3 3 2 2 2 1 2 1
19	2 3 1 2 2 1 3
20	2 1 2 1 1 1 2 3 3
21	2 1 3 4 2 3
22	1 8 7 2
23	3 3 1 5 3 1
24	5 3 2 3 2 3
25	10 3 2 4 1 2
26	5 4 2 2 1 1 1 2
27	3 3 3 2 5
28	3 4 3
29	5 11 1
30	10 8 2

가로 힌트 (행 1–30)

행	힌트
1	5 3
2	7 5
3	3 8 5
4	4 4 4 5
5	5 3 1 1 1 1 1 3
6	5 2 2 1 1 1 1 1 2
7	5 1 6 1 3
8	5 3 4 1 1 3
9	3 2 2 1 3
10	1 1 2 1 2
11	1 1 1 1 2 1
12	1 1 2 1 3 1
13	1 2 5 1 2 1 1
14	1 2 2 2 1 1 2 2 1
15	1 3 3 2 4 2 2 1
16	1 2 3 2 3 2
17	3 2 1 3
18	4 1 8 2 3
19	6 1 1 3 3 1 3 6
20	2 1 3 2 1 2 6 1 3
21	1 1 1 1 2 3 1 1 4 3
22	2 1 3 2 1 2 1 2 4
23	4 5 1 1 2 1 2 2 2
24	1 2 7 1 1 2 1 1 1 1 2
25	1 2 2 4 1 1 1 3 1 2 2
26	1 4 2 2 1 6 1 2 2
27	3 4 4 4 2 1 2
28	3 3 5 5 3 3 2 4
29	1 6 7 4 4 7 1
30	3 3 17 5 2

난이도 ●●●●○○○

사용컬러 ●●●●

C76

중국에서 유래된 무술

			3																										
		3	1	3						1	1	1	2					3									3		
		1	1	1			1		1	2	1	2	2	1				5							3	3	1	3	
	3	1	2	2	3	3	3	2	2	1	1	1	2	7				1							4	2	2	1	
3	2	1	5	5	2	3	2	2	3	7	4	5	3	3	3	3	3	1					3	3	3	2	1	2	3
5	5	5	1	2	5	6	2	3	3	1	3	4	6	7	10	10	9	3	3	3	3	3	6	6	1	2	2	1	6
4	1	5	6	6	3	3	6	6	3	1	2	2	3	2	2	6	6	2	5	5	5	6	2	2	4	3	2	2	1
2	1	1	1	1	7	3	6	6	6	5	3	3	3	3	5	1	2	2	6	7	6	5	3	6	1	1	1	1	3

						8	6	16
					7	2	2	15
					7	1	1	15
						2	1	2
					4	1	1	2
				2	2	1	1	3
		1	4	1	2	1	1	1
		1	1	2	2	2	3	1
	1	2	6	1	10	1	1	1
1	1	3	2	1	2	10	1	1
			7	3	3	10	2	2
			8	3	2	12	3	1
						9	4	16
					10	3	5	6
					3	4	3	5
						3	2	6
						2	2	8
					1	2	4	4
					1	3	5	1
				3	5	1	2	3
				7	3	2	2	4
						13	3	4
					2	11	3	6
						5	7	11
					5	4	6	4
						5	3	5
							4	6
						5	2	2
					1	1	1	1
							6	6

난이도 ●●●●●○○○ 사용컬러 ●●●●

C77 한국 경찰의 마스코트

Column clues (top to bottom):

Column	Clues
1	6
2	4 6
3	2 5 6
4	1 2 2 3 5
5	2 1 1 2 1 2 4
6	4 6 3 2 3
7	4 1 1 4 3 2 3 1
8	4 1 2 1 1 1 2 1 1
9	4 1 2 3 2 3 1 1 1
10	1 3 1 2 2 1 1 3 3 2
11	2 2 1 3 5 1 3 2 3 2
12	2 2 2 3 1 3 1 2 1 1 2 4 2
13	6 3 3 1 1 1 1 2 4 2
14	3 1 2 3 2 2 1 7 2
15	2 2 2 3 2 2 1 7 2
16	3 1 2 3 2 2 1 1 2 4 2
17	6 3 3 1 1 1 1 2 4 2
18	2 2 2 3 2 2 1 1 3 2 3 2
19	2 2 2 2 1 5 1 5 2 2
20	1 3 2 2 1 3 1 2 6 1
21	4 1 2 3 3 2 1 1 2
22	4 1 2 1 1 1 2 1 3 1
23	4 1 1 7 1 2 3 1 3
24	4 11 6
25	2 3 2 2 6
26	1 3 2 6
27	2 2 6
28	5 6
29	6
30	6

Row clues (left to right):

Row	Clues
1	4 11 4
2	6 9 6
3	8 2 1 2 8
4	7 1 3 1 7
5	17
6	5 9 3
7	1 15 2
8	3 10 3
9	5 7 5
10	2 2 3 2
11	1 3 3 3 4 1
12	1 1 1 3 1 3 1 2 1 1
13	2 3 1 3 1 3 4 1
14	3 1 1 3 5 2 2
15	2 1 3 3 3 1 2
16	1 1 3 3
17	5 1 1 3
18	1 4 5 2
19	3 2 4 3 4 9
20	4 2 1 2 1 2 1 1 2 2 8
21	5 2 3 1 2 3 1 1 3 2 7
22	6 1 3 8 1 1 2 1 7
23	6 4 3 2 4 4 7
24	9 1 3 2 4 1 1 8
25	1 9 4
26	9 1 1
27	8 2 1
28	6 2
29	10
30	12

난이도 ●●●●●

사용컬러 ●●●●

너의 소원을 들어줄게

1	4 1
2	4 2 2 1
3	2 3 3 1
4	2 3 4 1
5	5 1
6	2 7 1
7	1 1 3 6 1
8	10 2 2 1 3 1 1
9	3 2 2 2 1 1 1 1 2 1 2 1 1 1
10	1 1 2 3 2 1 1 2 1 1 3 2 1
11	1 1 2 2 3 2 1 9 1 1 1
12	1 2 1 1 1 4 2 1 9 1 2 1
13	7 3 2 1 9 1 3 1
14	1 2 1 1 2 1 4 1 9 1 3 1
15	1 2 1 1 1 4 1 9 2 3 1
16	1 1 2 6 1 10 2 3 1
17	1 4 4 1 2 1 1 1 1 4 2 2 1
18	1 3 1 1 5 1 2 2 1 1
19	1 3 2 4 1 1 1 1 1 1 1 1
20	1 2 1 1 1 5 1 1
21	6 1 1 1 1
22	6 1 1 1
23	6 1 1 1
24	7 1 2 1 1
25	5 1 1 3 1
26	2 2 4 2 3 1
27	2 3 3 1 2 1 1
28	4 2 2 2 1
29	6 2 1 1 1
30	5 2 1

1	4
2	5 2
3	1 1 2 4
4	2 1 1 3 1
5	2 1 2 1 1 2
6	2 2 3 1 1 4
7	1 2 1 10
8	1 1 2 1 2 1 1 1 1 2
9	2 5 2 1 2 2
10	1 2 4 3 1 2
11	1 1 5 3 1 1 3
12	2 1 1 1 1 6 1 1 2 1 2 5
13	4 1 6 1 1 1 1 2 4 4
14	3 1 2 7 2 3 1 4 2 2
15	2 2 2 2 7 1 3 5 4
16	3 3 1 1 1 6 2 1 1 6 3
17	2 4 1 2 6 1 3 8
18	6 2 1 6 2 1 2 6
19	6 1 1 1 7 1 2 1 4
20	4 2 10
21	1 1 9 1
22	9 1
23	2 4 4
24	8
25	6 1 1
26	6 4 2
27	7 2 6 1 1
28	2 4 2
29	1 2 1
30	24 2 4

난이도 ●●●●●

사용컬러

C79 앞으로 가는 말은 아니지만 신나요

열												
1	4	3										
2	2	2	3	1								
3	1	1	2	3	2							
4	1	3	1	3	1							
5	3	3	4	3	1	1						
6	1	2	1	1	7	3	2	2				
7	1	2	1	1	8	4	4	1				
8	6	1	8	2	6	1						
9	6	1	2	2	4	1	7	1				
10	5	1	1	3	9	2	1					
11	2	1	1	2	3	2	1	4	4	2	1	
12	3	2	2	1	3	6	3	2	2	1		
13	3	3	1	1	9	2	2	1	2	1		
14	3	1	1	1	1	1	1	4	1	3	2	1
15	3	5	4	1	4	2	2	1				
16	5	3	4	1	4	3	2	1				
17	4	2	1	6	1	2	1	3	2	1		
18	7	5	1	1	2	1	1	2	1			
19	5	5	1	3	2	2	1					
20	3	2	2	3	3	2	1					
21	4	1	1	3	5	2	1					
22	5	2	1	11	1							
23	6	1	1	6	6	1						
24	5	2	3	2	5	1						
25	4	4	2	3	2							
26	2	4	2	2	1							
27	1	4	3	2								
28	4	4	1									
29	4	3	2									
30	2	4										

행									
1	7								
2	13								
3	14								
4	5	10							
5	1	2	1	1	1	1	2	7	
6	1	1	5	2	5				
7	2	1	3	2	2	3			
8	3	5	2						
9	6	2	3						
10	2	2	3	2	3				
11	1	1	1	1	1	2	3	3	4
12	1	4	5	3	5				
13	3	7	1	5	2				
14	4	1	5	5	3				
15	5	2	4	2					
16	4	3	3	1					
17	4	2	1	2	2				
18	6	1	1	3	4	2			
19	5	1	2	5	1	1	8		
20	5	2	3	3	3	1	7		
21	4	3	4	4	1	1	5		
22	3	2	2	3	4	2	1	2	
23	2	5	3	1	5	2			
24	2	5	1	3	5	2	2	1	
25	2	3	4	3	5	2	3	1	
26	1	3	2	4	2	5	1	3	1
27	1	3	1	4	7	2			
28	3	23	3						
29	4	18	3						
30	20								

난이도 ●●●●●●

사용컬러 ●●●●

C80 이것저것 그려요!

15
3 1 3
2 3 6
2 5 2 2
2 5 6
1 1 3 5
2 4 1 1
2 6 4
2 2 2 3
2 2 2 4 1 3 3
2 2 2 4 1 6 3
1 4 2 1 4 1 9 3
2 4 1 4 2 7 1
1 2 1 1 5 4 3 1
2 5 1 5 5
2 6 8 2 1
2 4 1 2 6 2 1
3 3 2 3 1 3 1 2
6 2 6 3 2 5
1 6 2 2 7 1 2
1 6 3 1 8 2
3 5 3 1 12 2
1 2 4 2 3 10 2
2 1 5 1 4 8 3
1 3 6 2 5 3
1 1 3 2 4
1 1 1 1 7 1 4
1 10 1 9
1 9 2 5 4
9 5 3

6 3 2 3 1
5 3 1 4 1 5
2 5 8 2 1 3 1
1 4 4 5 5 2 1
1 3 2 2 2 7 1 3 1
1 23 2 2 1
1 6 4 11 1 2 1
1 5 11 1 2 1
2 11 6 2 1 2 1
1 3 5 1 8 1 1 2 1
1 4 2 1 4 2 3 1 2 1
1 1 4 5 2 9 1 2 1
3 2 1 2 2 3 2 3 2 1 5
6 4 2 4 1 4 1 1 1 2
14 3 2 6 1
3 2 6 1
3 10 1
1 3 1 9 1
1 3 1 7 1
1 4 1 2 4 1
1 3 1 3 3 1
1 3 1 2 3 2
1 3 1 2 2 1
1 3 1 1 1
1 3 1 1
1 3 1 2 1
3 5 4
1 7
12
12

난이도 ●●●●●●●

사용컬러 ●●●

C81 불을 내뿜는 상상 속 동물

열	세로 힌트 (위→아래)
1	2 3
2	3 3
3	3 2 1
4	4 1 2 1 1 3 1 1
5	4 1 2 1 3 1 3 1 1 2
6	6 2 1 1 1 2 1 3 1 1 3 2
7	3 1 3 2 1 1 2 1 3 1 1 6
8	1 2 2 2 5 1 1 1 1 3 2 2 4 2
9	1 2 2 1 6 1 1 1 1 3 1 3 1 2 1
10	1 2 3 12 4 1 2
11	2 19 2 1 1
12	1 10 2 8 1 1 1 2
13	2 6 4 8 2 2 2
14	4 2 1 1 1 12
15	3 1 5 2 8 2
16	2 9 4 7 2
17	2 8 5 3 2
18	1 7 6 3 1 2
19	1 8 8 1 2
20	10 8
21	6 1 9
22	6 9
23	6 8 1
24	3 1 7 2
25	2 2 8
26	1 7 2 4 2 2
27	3 1 4 3 5 3
28	3 4 1 2 5 2
29	3 12
30	2 10

행	가로 힌트 (왼쪽→오른쪽)
1	5 6
2	5 1 5
3	12 3
4	7 2 3 1
5	5 2 4 1
6	10 2 7
7	3 1 1 4 1 7
8	5 1 1 3 1 6 1
9	2 11 1 8 3
10	9 1 8 4
11	5 2 9 4
12	6 1 6 1 2 2
13	6 2 6 2 2 1
14	1 4 2 1 7 2 3
15	1 7 4 1 3
16	6 4 4 2 2
17	1 3 12 2
18	1 3 2 13 2 2
19	6 5 8 2 2
20	6 5 8 3 3
21	1 3 2 1 5 8 2 4
22	4 3 5 13
23	8 4 2 12
24	2 3 2 1 3 2 11
25	5 3 3 3 8
26	3 3 5
27	3 4 4
28	3 6 3
29	2 1 3 2 2 1 2 1 1 1 1 1
30	3 1 1 2 2 2 2 1 1

난이도 ●●●●●●○ 사용컬러 ●●●○

C82 코 인사를 나눠요

열	세로 힌트
1	7 10
2	3 3 11
3	2 2 1 10 1
4	7 1 5 10 2
5	10 7 2 7 3
6	10 8 3 5 4
7	2 6 7 5 3 5
8	2 3 2 3 2 6 3 5
9	3 1 3 4 1 6 2 6
10	3 1 6 9 2 6
11	4 1 2 13 2 1 5 1
12	5 2 11 1 1 2 2 3 2
13	4 2 3 1 8 3 4
14	3 2 4 1 1 1 7 1
15	2 2 3 1 2 1 3 1 3 1
16	2 1 4 1 1 3 3 1 2 1
17	1 1 4 1 1 3 3 1 1 1
18	2 1 11 2
19	1 7 2 2 2
20	1 2 1 2 1 2
21	1 2 5
22	1 2 8
23	1 2 3 2 4
24	3 2 3 1 3
25	2 2 3 5
26	5 2 1 8
27	3 4 2 6 2
28	3 4 1 8
29	1 3 1 4 4
30	14 3 2

행	가로 힌트
1	9
2	13
3	4 14
4	5 3 4 1 2
5	1 4 1 3 2 1 1
6	2 4 1 2 5 1 2
7	1 5 1 2 6 1 2
8	1 6 2 7 1 3
9	1 4 2 4 3 1 1 2
10	1 3 3 2 2 4 1 2 1
11	1 1 5 5 2 1 2 5
12	2 1 3 2 1 3 4 1 1 3 1
13	2 4 2 1 5 2 2 1 4 1
14	2 4 12 1 6 1
15	6 10 1 2 2 3 1
16	6 5 1 3 1 2 4 4
17	4 8 3 2 2 2 1 1 4
18	2 11 1 1 6 3
19	1 7 2 3 1 4 3 1
20	3 8 4 4 4
21	5 6 2 5 1
22	6 4 2 7
23	10 1 6
24	11 1 5
25	8 3 1 6
26	6 6 1 3 1
27	5 7 1 5
28	4 8 1 1 2
29	3 8 2 4
30	2 8 2 1 2

난이도 ●●●●●●

사용컬러 ●●●●

C83 가장 중요한 건 눈에 보이지 않아

																					7	1							
															6	6					4	3							
			13										4	5	2	3			7	9	2	5		5					
	13	13	1						1				2	2	1	2	8	8	3	2	6	3		3	6				
	1	3	1	13	13	13	13	3	2	1	5	5	2	2	2	4	2	3	3	8	1	4	7	2	3				
13	3	2	2	6	1	2	3	6	4	6	3	2	1	2	2	3	7	5	5	3	1	3	10	2	1	4	4	3	3
3	1	4	2	1	2	2	1	3	2	2	4	8	6	5	5	3	2	1	7	5	5	5	3	1	3	4	4	4	4
4	3	2	4	2	2	4	1	3	4	4	4	4	4	4	4	1	2	9	2	2	2	2	2	1	1	5	5	5	5

					11	4	2	3
						9	10	5
						9	13	5
						8	12	4
						8	14	3
				8	4	8	3	2
				8	2	6	3	3
		9	1	2	2	2	3	4
		9	1	2	1	1	3	5
						10	1	7
					10	2	1	8
						10	4	7
				10	2	4	1	1
						4	2	2
					1	1	4	1
						2	4	2
				3	1	1	3	1
	3	2	1	1	1	1	3	1
2	2	3	2	1	1	1	3	1
	1	3	1	1	2	3	3	1
		2	3	2	1	1	1	5
			6	6	1	1	1	2
				4	10	1	1	4
				2	11	1	4	1
			2	3	5	1	4	2
			1	3	1	5	1	5
2	1	2	2	9	1	6	1	4
1	2	2	1	10	1	6	1	4
		1	1	2	2	9	9	4
			1	1	2	11	8	6

난이도 사용컬러

084 까만 우주에서 지구를 바라볼 날이 오겠죠?

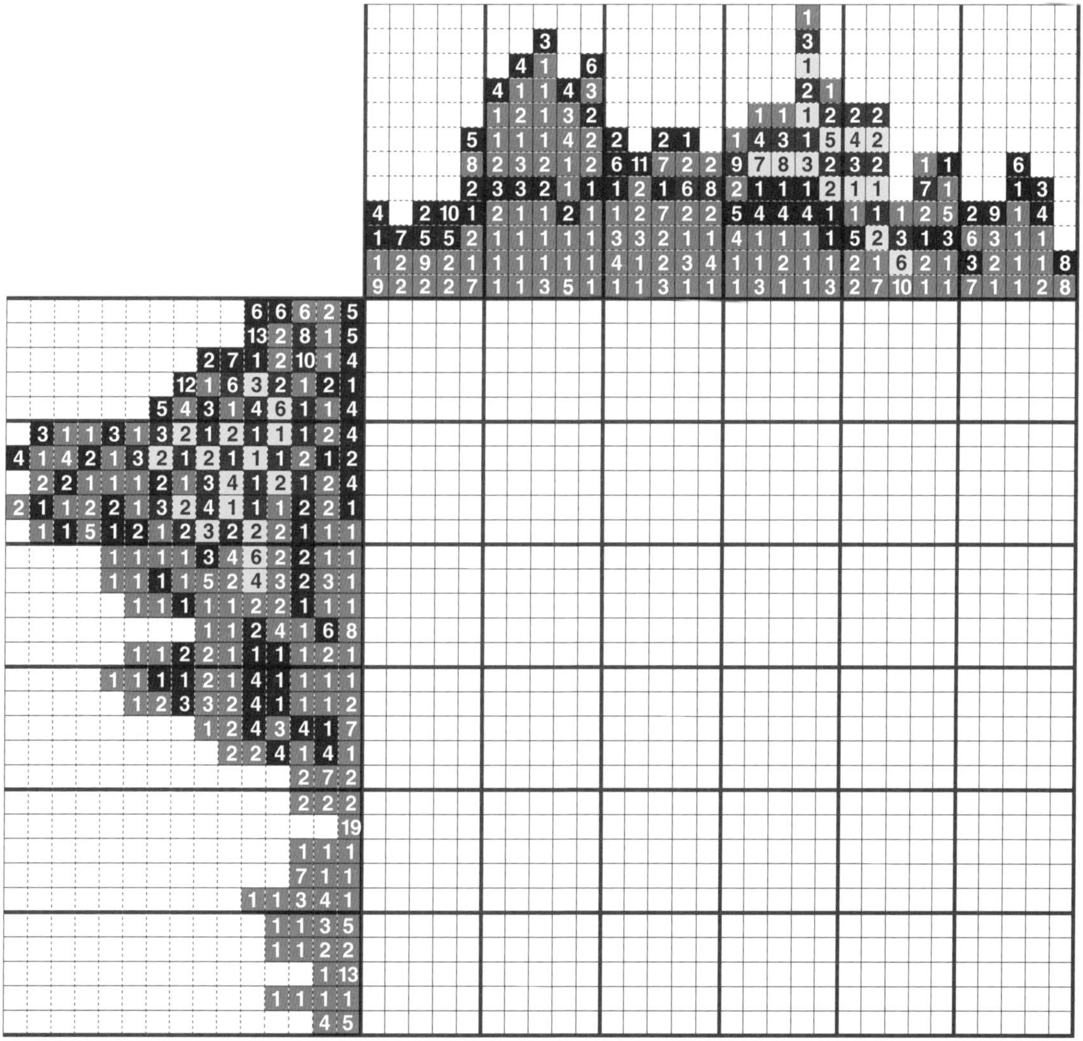

난이도 ●●●●●●

사용컬러 ●●●●

C85 이마에 뿔이 나고 날개가 달린 상상 속 동물

세로 열	힌트
1	3 3 2 6 7 4
2	3 1 1 4 4 10
3	1 1 2 2 8 10
4	4 1 3 5 9
5	4 1 1 4 2 4 5
6	4 2 1 2 2 4 3 4
7	2 2 1 1 1 5 4 2
8	1 1 1 1 1 1 2 2
9	2 2 1 1 1 1 1 3 2
10	5 2 1 2
11	6 3 1 2
12	8 3 1 6
13	5 4 2 2 8 2
14	2 8 4 4 1 2
15	8 1 1 1 3 3 1 2
16	3 4 3 2 2 2
17	3 2 1 1 3 1 3
18	1 4 2 1 1
19	3 2 3 3 3
20	3 1 3 2 2
21	5 2 2 1
22	4 2 2 1 1
23	2 1 4 2
24	2 1 1 2 2 1 4
25	3 1 2 2 2 4 3 2
26	4 1 2 2 4 3 2
27	3 2 1 1 3 8 2
28	3 4 1 1 5 5 2
29	2 2 2 3 2 6 4 2
30	1 8 3 4 6

가로 행	힌트
1	30
2	2 4 9 11
3	6 4 3 4 2 4 1
4	3 4 7 2 1 1 2
5	1 4 11 3 1 1 1 2
6	1 5 2 4 1 2 1 5 1
7	1 2 2 5 5 3 1
8	2 5 1 6 3 2 1 1 1
9	2 1 2 2 2 5 2 1 1
10	3 3 1 3 3 1 1 1
11	4 5 2 1 3 2 1
12	1 2 1 4 3 1 1
13	4 5 3 1 1 2 2
14	6 1 2 1 2 4 1
15	6 4 2 1 6
16	2 3 2 3 1 2 3
17	1 5 1 6
18	1 4 1 1 4
19	1 4 1 1 3 4
20	1 3 1 1 1 2 4 2
21	1 3 1 1 8 4 1
22	1 3 2 1 5 3 2 3 1
23	1 3 2 1 4 2 2 3 3 1
24	4 2 1 4 8 2 3 1
25	3 2 4 1 1 2
26	3 1 2 2 1 1 2
27	1 1 1 3 1 1
28	1 1 3 3
29	3 3 3
30	3

난이도 ●●●●●●●

사용컬러 ● ●●

크고 잠이 많은 포켓몬 몬스터

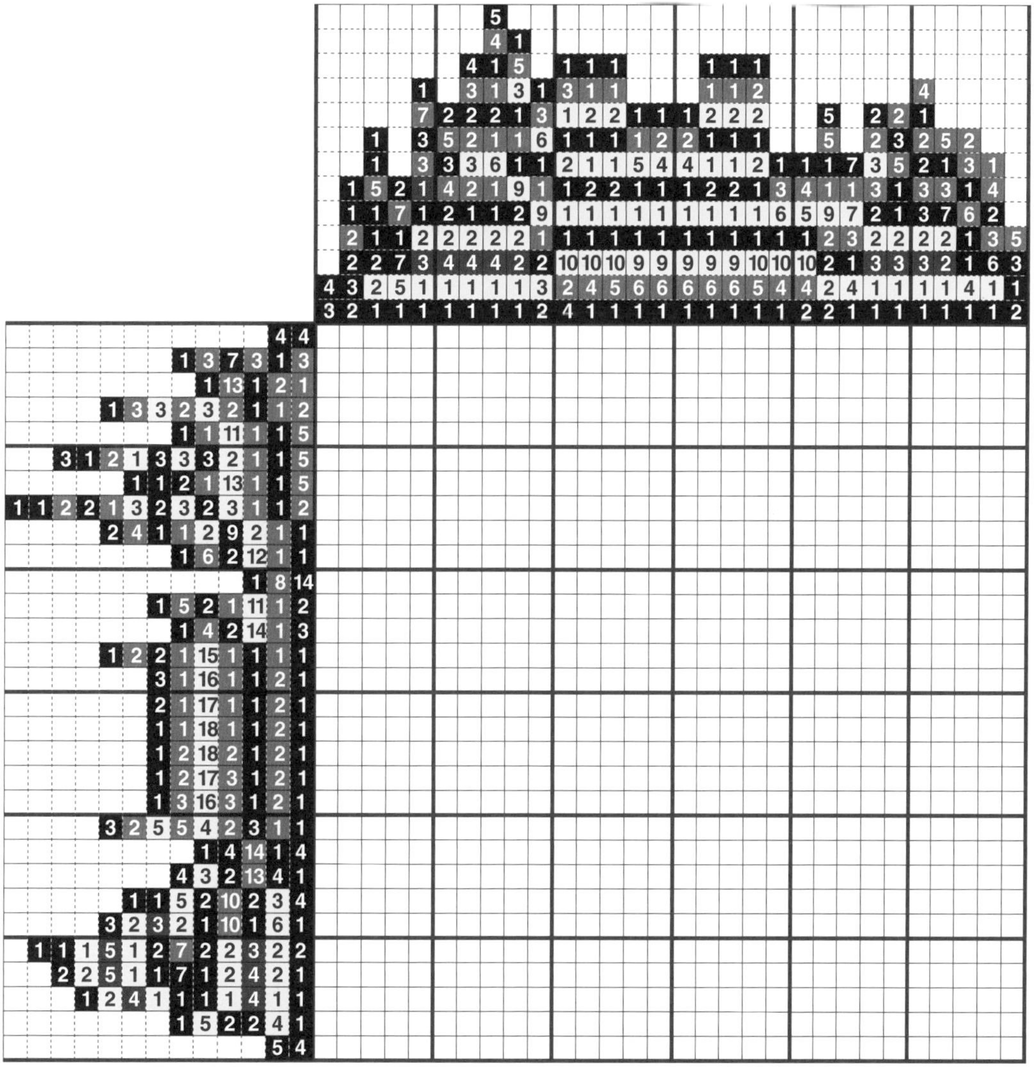

난이도 ●●●●●●○　　사용컬러 ●●○●

C87 이 토끼 인형이 참 좋아요

Column	Clues
1	2 2 1
2	2 3 3
3	3 4 6
4	3 4 6 3
5	6 2 3 5
6	4 3 2 3 5
7	2 3 10 1 6
8	2 7 4 3 4 3
9	5 3 1 2 2 1 5 4
10	6 2 1 2 4 2 2
11	7 10 1 1 1
12	11 2 8 2 1 2
13	7 1 1 3 6 1 1 2
14	7 1 3 2 1 1 2 1 2 3 3
15	7 1 3 2 1 2 2 1 1 1 2
16	7 3 1 1 1 2 2 1 1 2 1
17	6 1 1 1 1 1 3 1 1 1 3
18	8 1 1 2 3 4 1 2
19	7 1 1 2 1 3 2 4 1 2
20	7 1 3 1 1 4 4 1 2
21	6 1 3 1 3 4 2 1 1
22	5 1 1 2 1 2 5 1 3
23	6 1 3 2 7 1 4
24	9 3 1 7 2 4
25	3 4 4 1 4 3 2 6
26	2 4 3 11 6
27	4 2 2 12 1 4 1
28	3 2 10 3 3 5
29	11 3 4
30	6 2

Row	Clues
1	11
2	15
3	17
4	13 2 3
5	2 14 2 3
6	4 11 2 4 1
7	1 2 1 6 3 1 4 2
8	3 1 2 1 4 2 7
9	4 1 2 2 2 3 4 7
10	2 2 1 1 2 2 2 3
11	3 2 1 2 1 2 3 4 1 3
12	1 3 1 1 2 1 1 3 2 1 3
13	1 2 1 1 2 1 1 3 2 3
14	1 2 7 2 2 2 4
15	2 1 4 2 1 3 1 2 4 3
16	6 2 2 2 3 3 4
17	2 2 6 2 6
18	2 2 1 1 1 1 2 9 1 3
19	5 3 3 11 4
20	4 2 9 8 3
21	15 3 3 3
22	7 3 3 1 4 2
23	9 3 2 4 3 2
24	5 3 2 3 7 3 2
25	3 2 1 3 6 1 5
26	4 2 1 5 2 2 2
27	3 3 4 3 2 4 3
28	2 2 3 4 4 5 3
29	4 1 5 6 4
30	3 2 5 6 3

해답

NemoNemo Logic 컬러편

PART A

01 반지

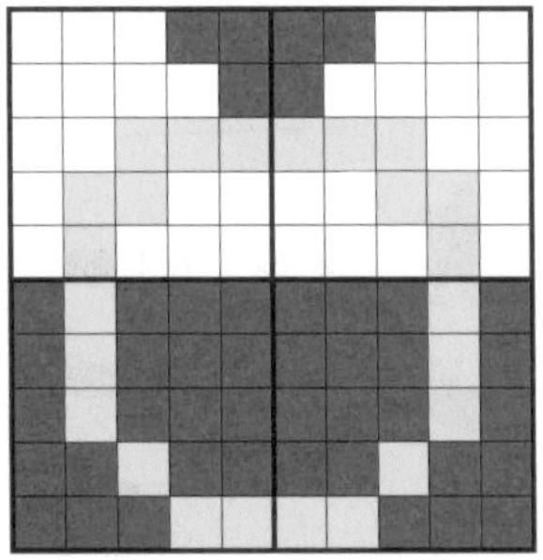

02 버섯

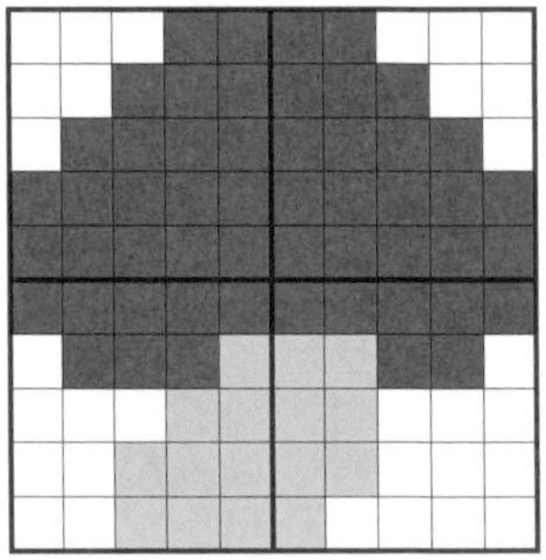

03 스파이더맨

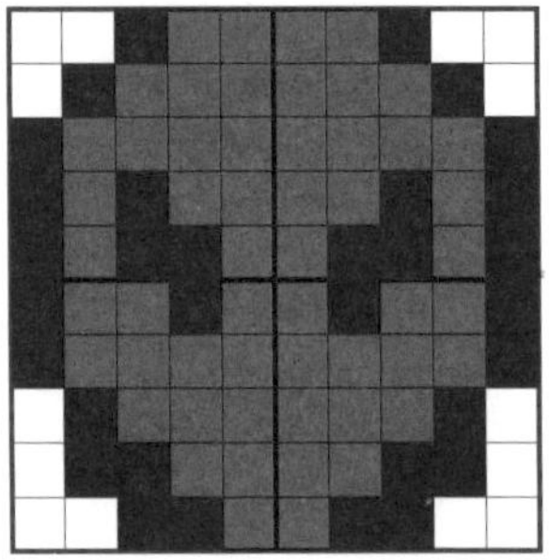

04 음표

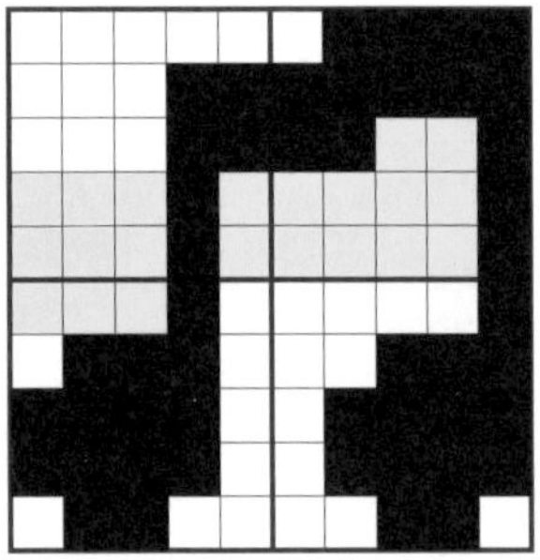

05 좋아요

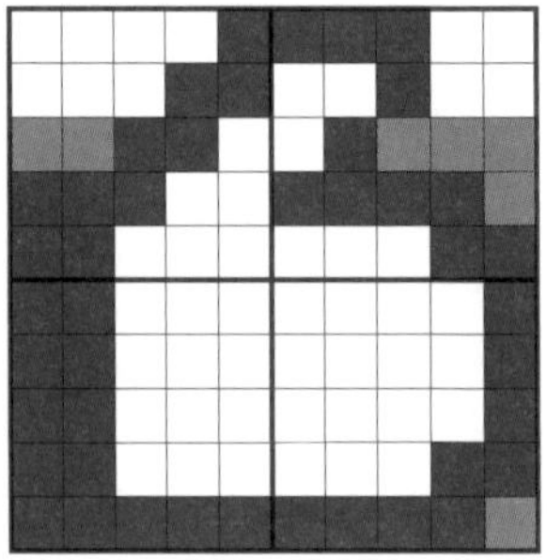

06 크리스마스 양말

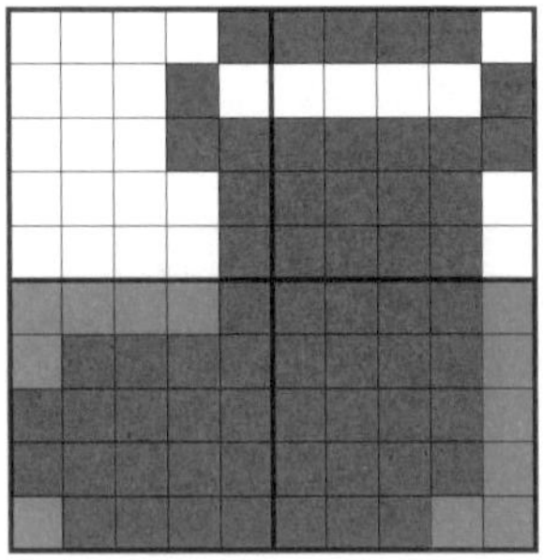

07 귤

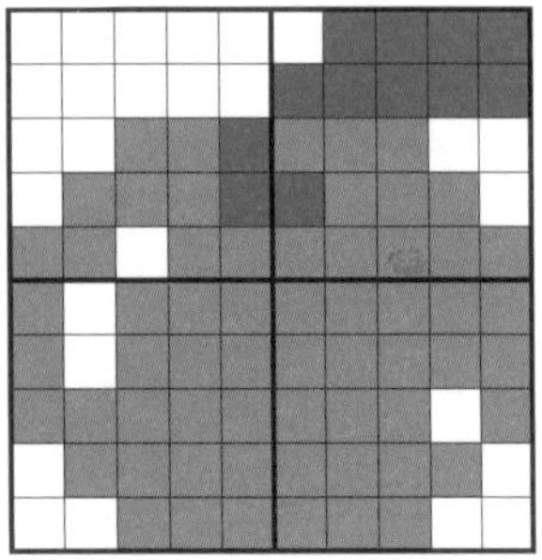

08 물고기

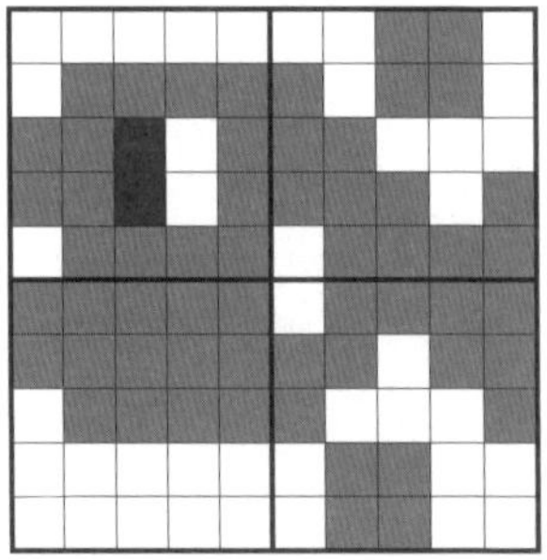

09 고래

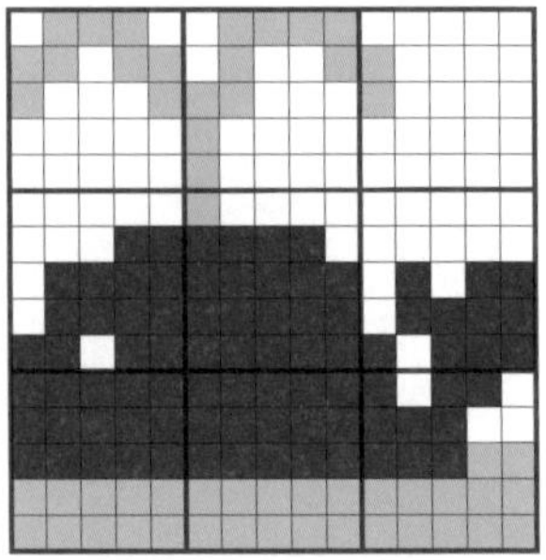

10 조각 케이크

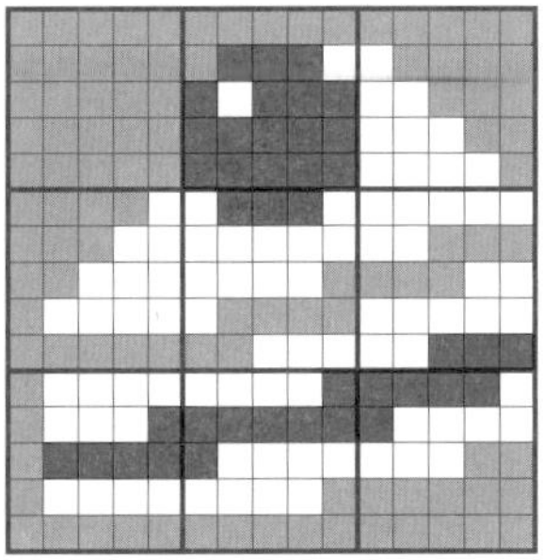

11 가위

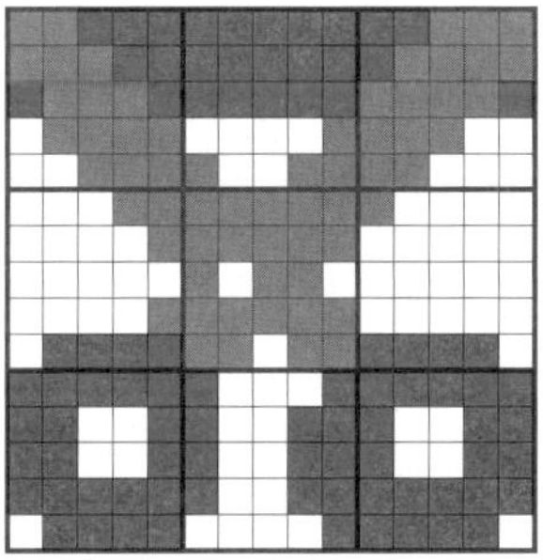

12 꽃게

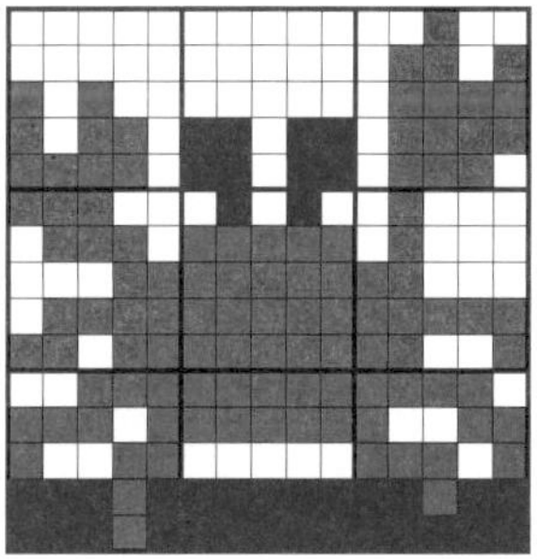

13 모자

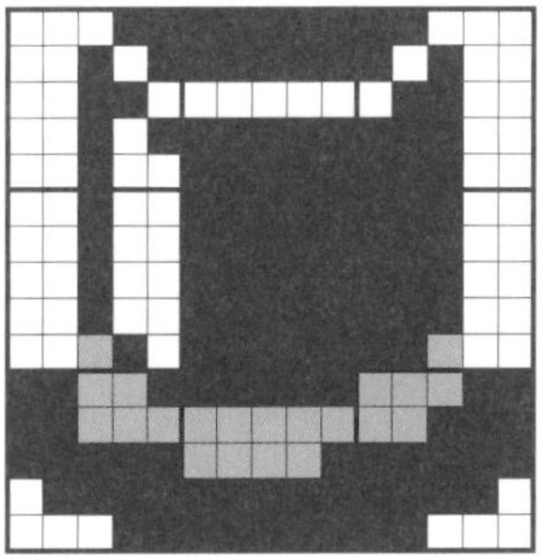

14 바람개비

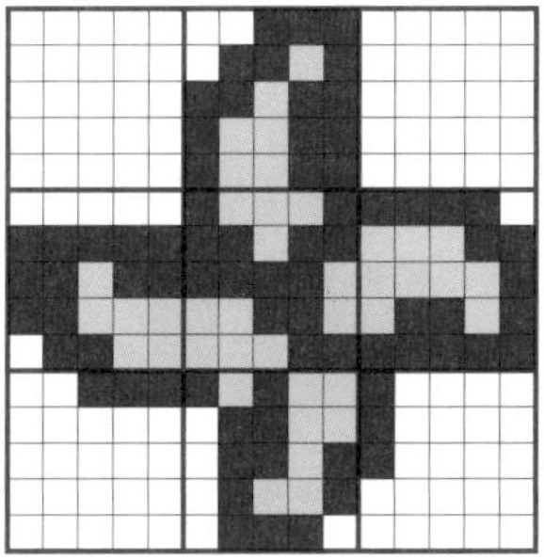

15 삼각김밥

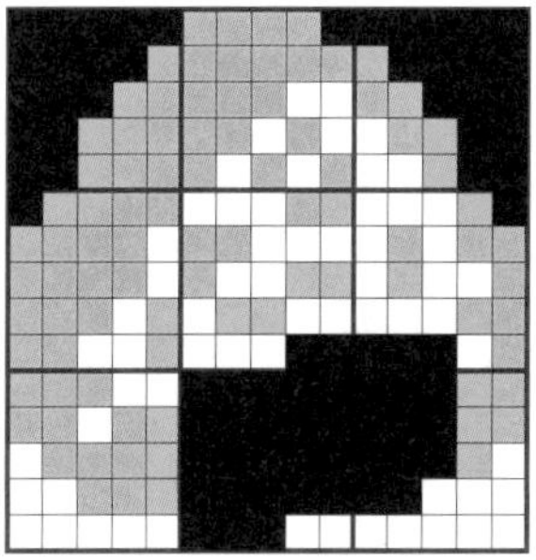

16 선인장

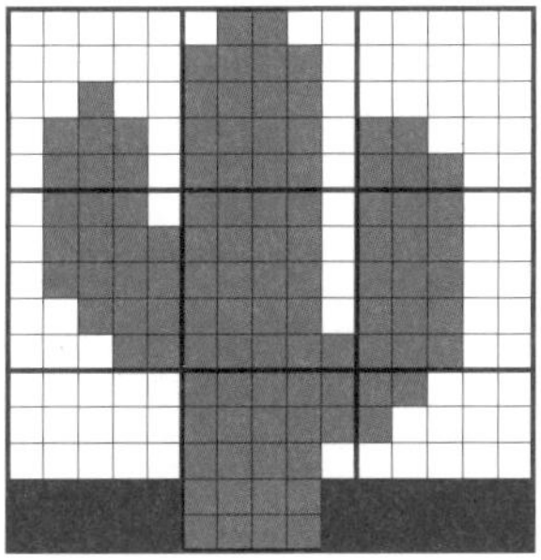

17 수박

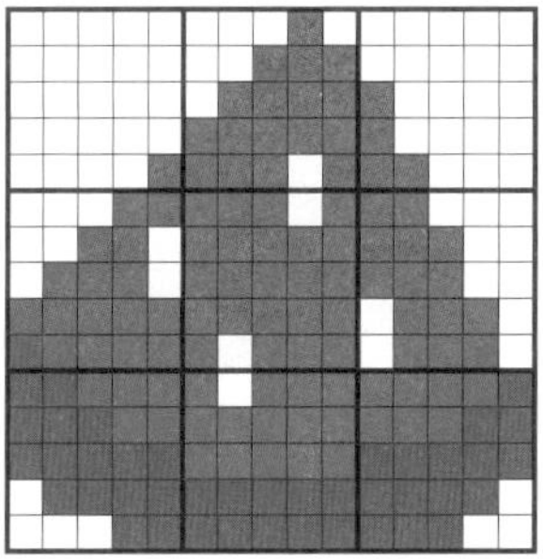

18 주방 장갑

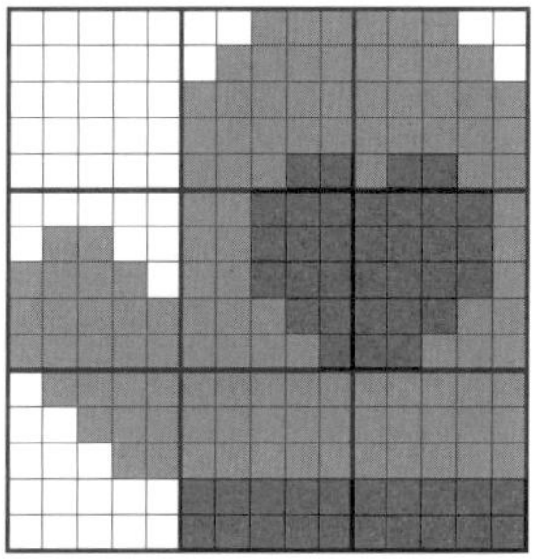

해 답

19 토끼

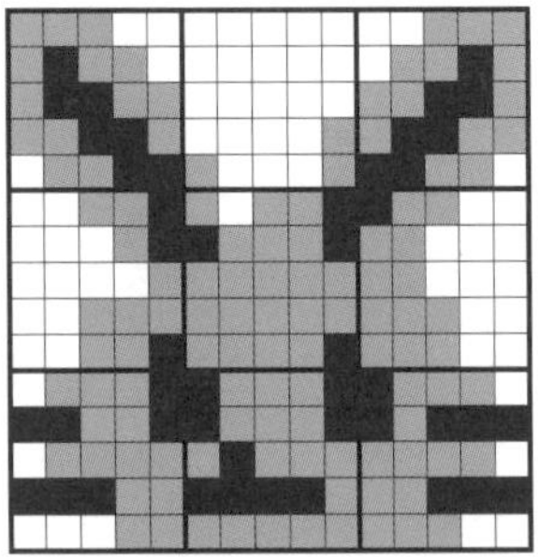

20 토마토

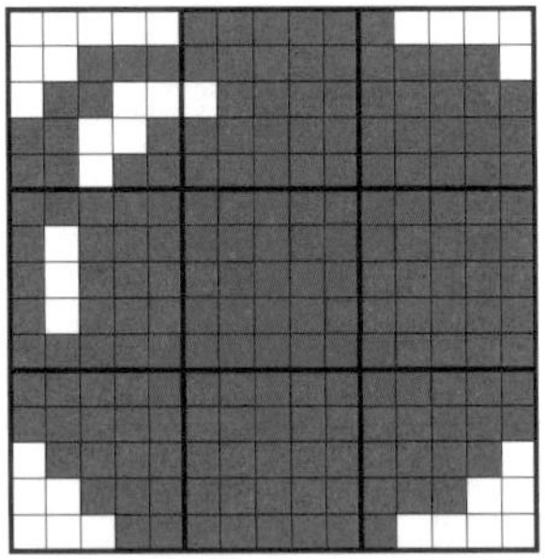

21 달팽이

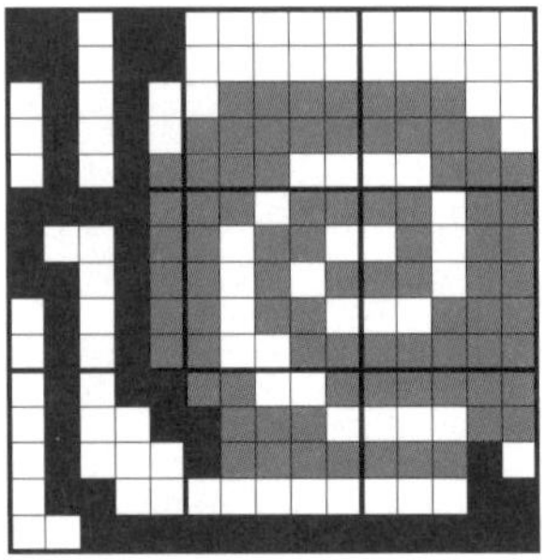

22 선물상자

23 쥐

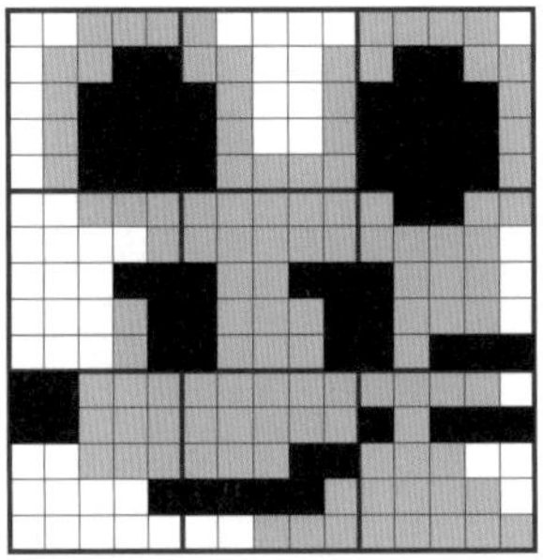

24 꽃잎

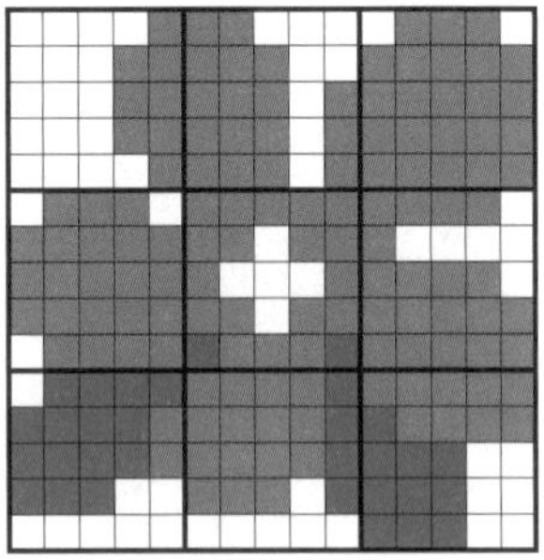

25 단풍잎

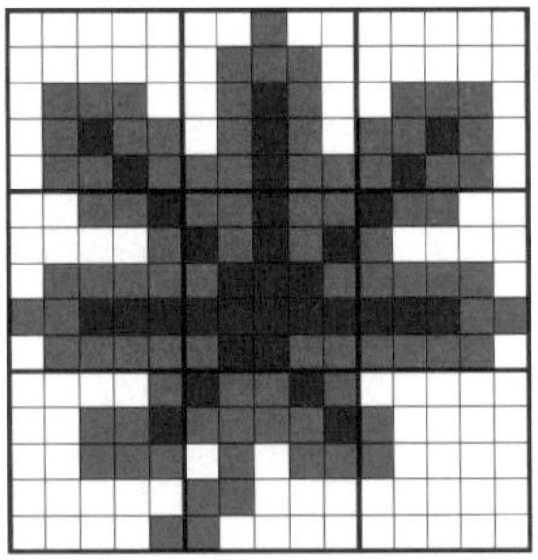

26 튤립

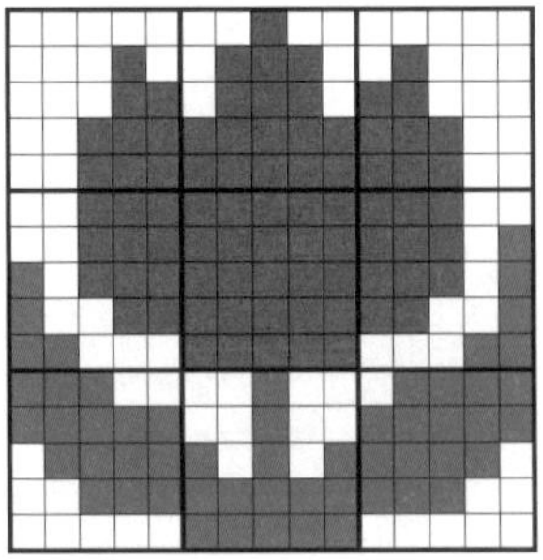

27 병아리

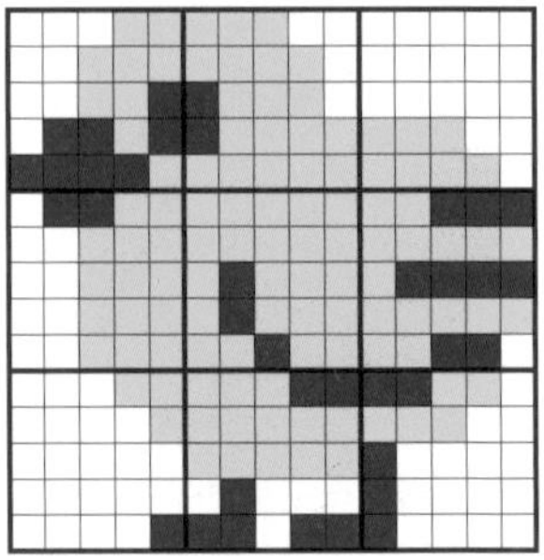

PART 8

28 구급상자

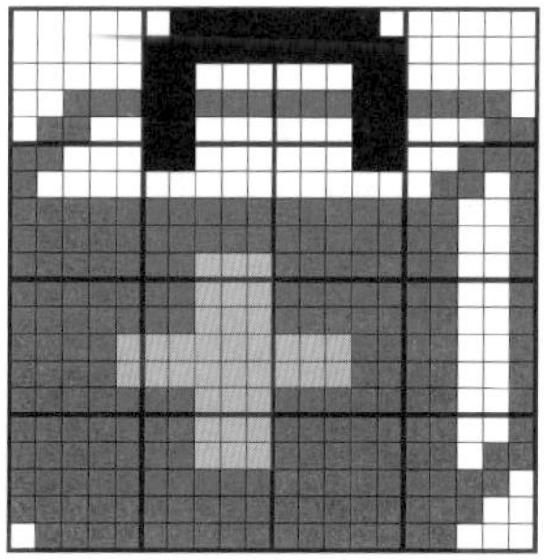

29 당나귀

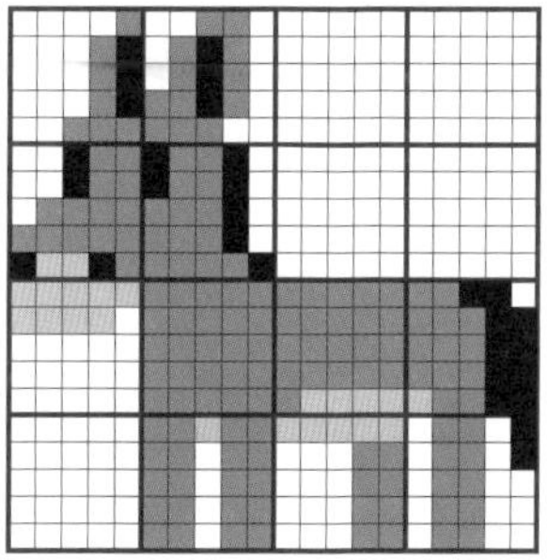

30 버선

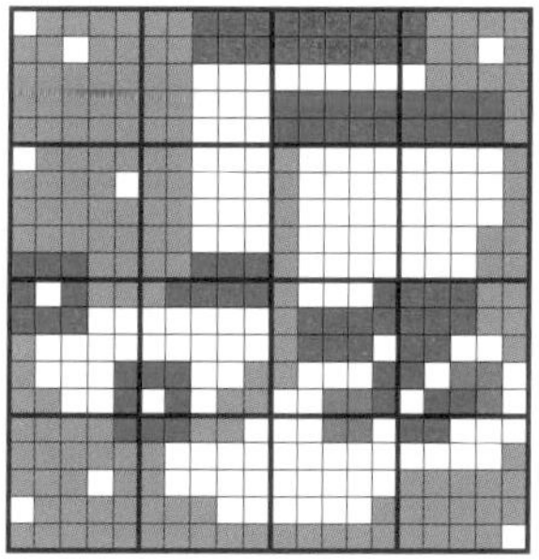

31 웰시코기

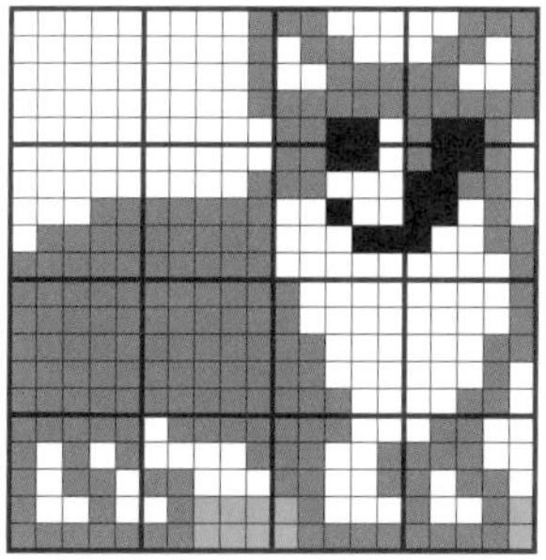

32 토스터

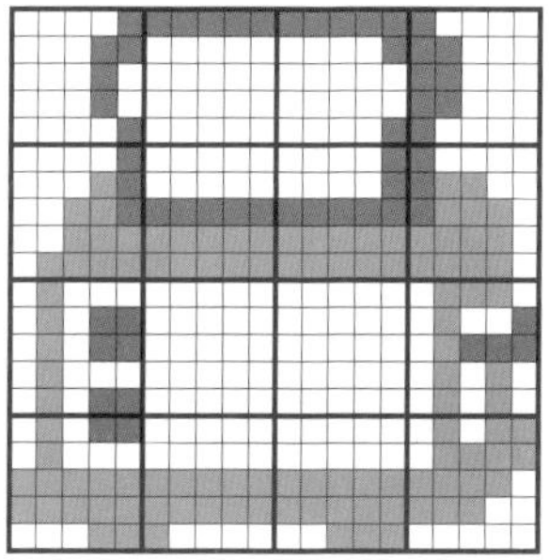

33 파라솔

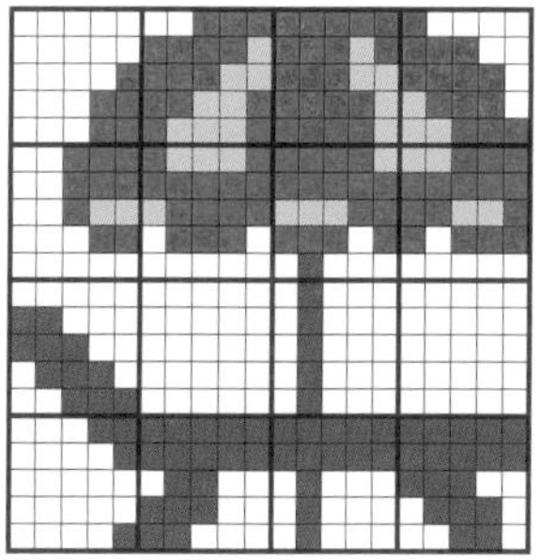

34 펠리컨

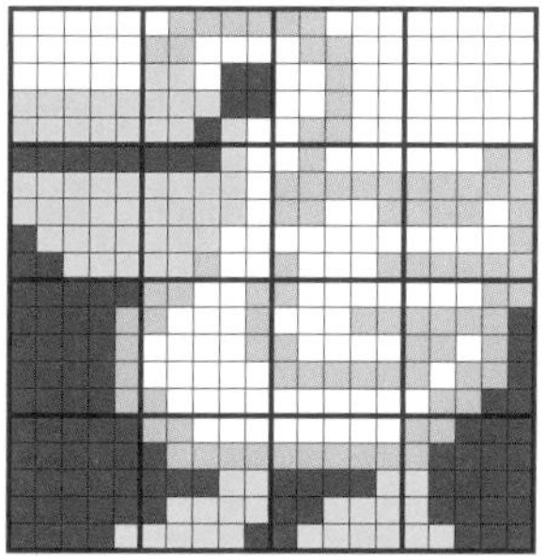

35 개구리

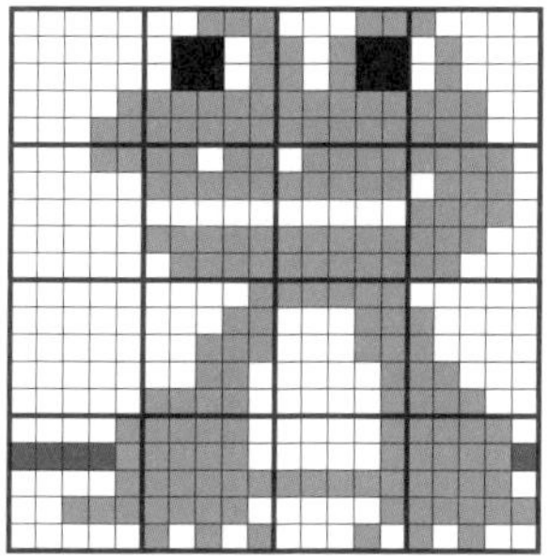

36 시계

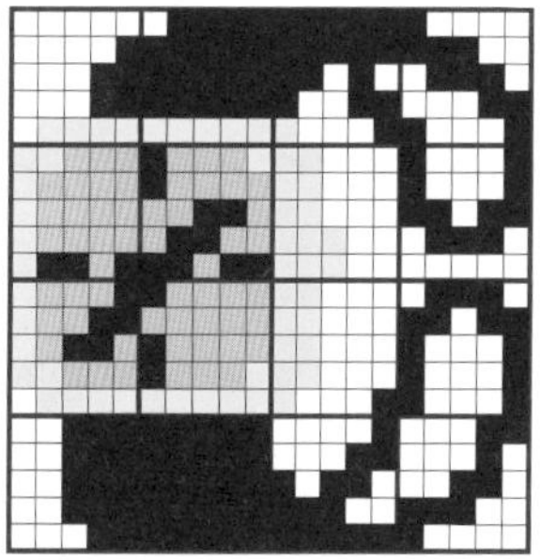

37 오리

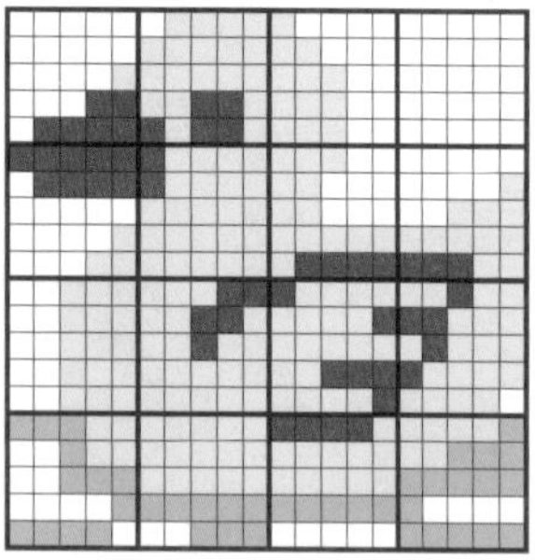

38 자동차

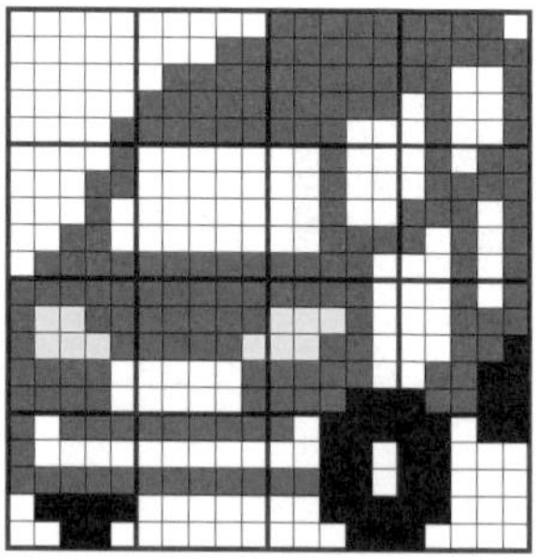

39 짱구

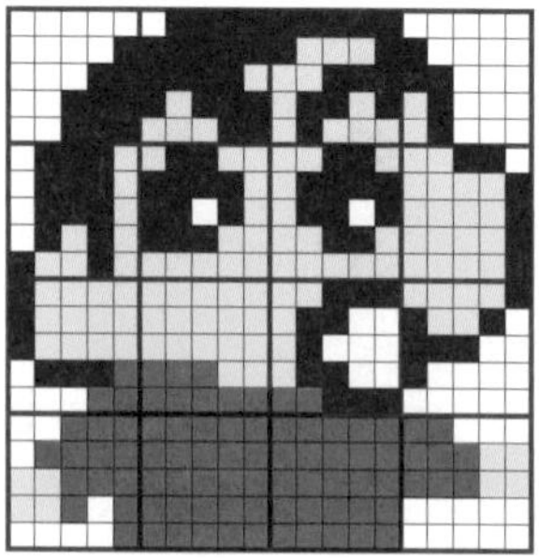

40 푸우

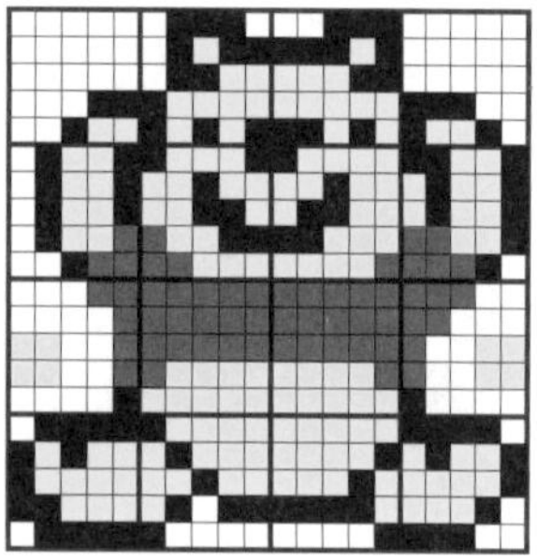

41 핼러윈 호박

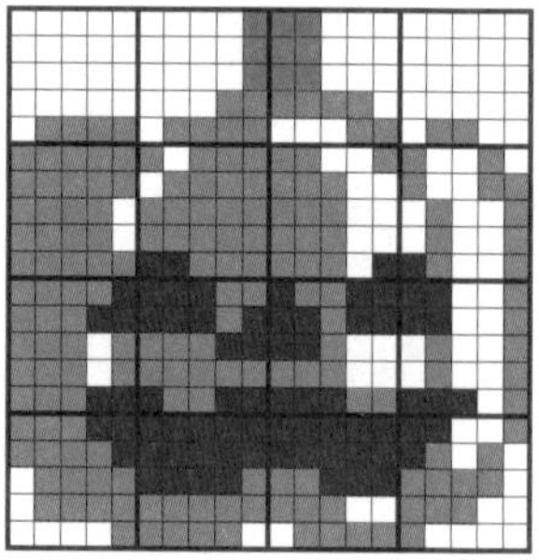

42 냄비

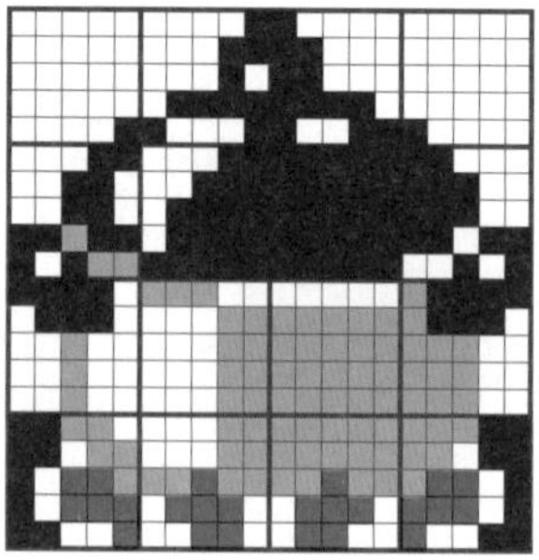

43 새우

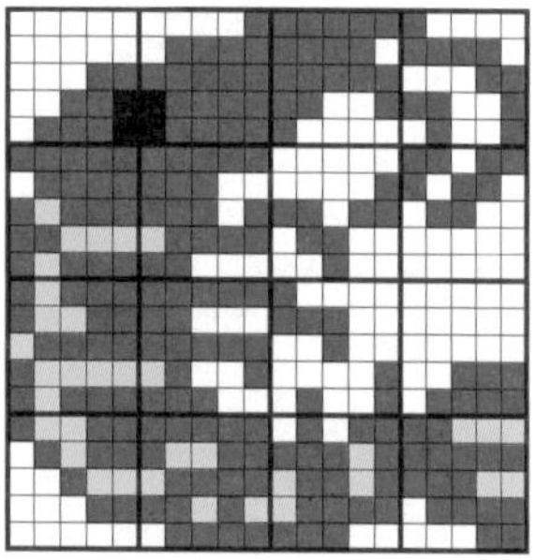

44 야자수

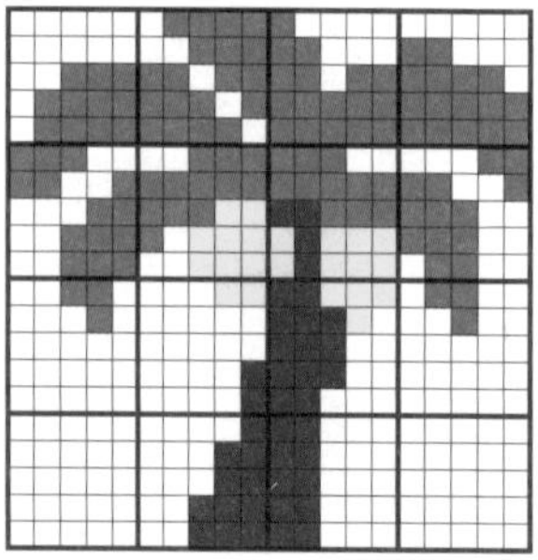

45 등대

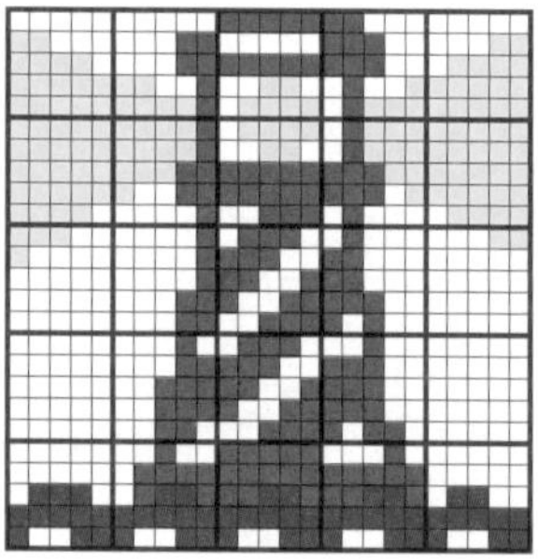

46 뽀빠이

47 알파카

48 양치질

49 행운의 고양이

50 감기

51 딱따구리

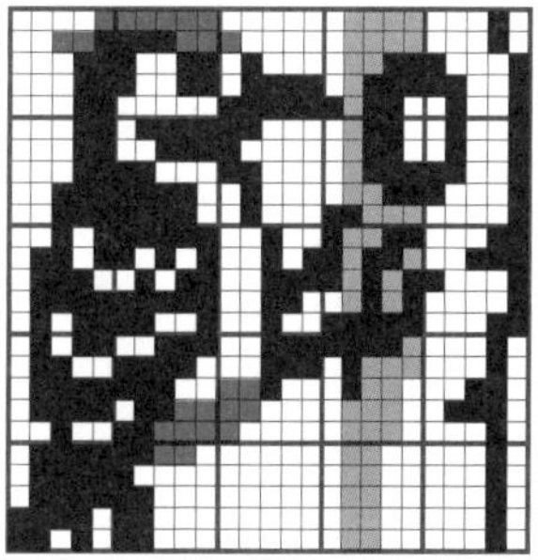

52 물놀이

53 킥보드

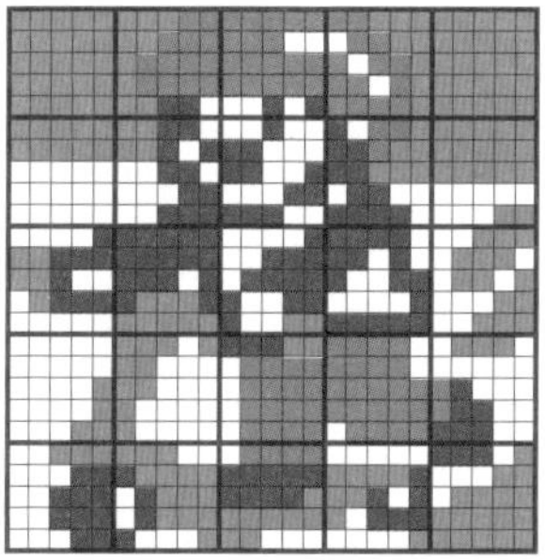

54 미피

55 판다

56 홍학

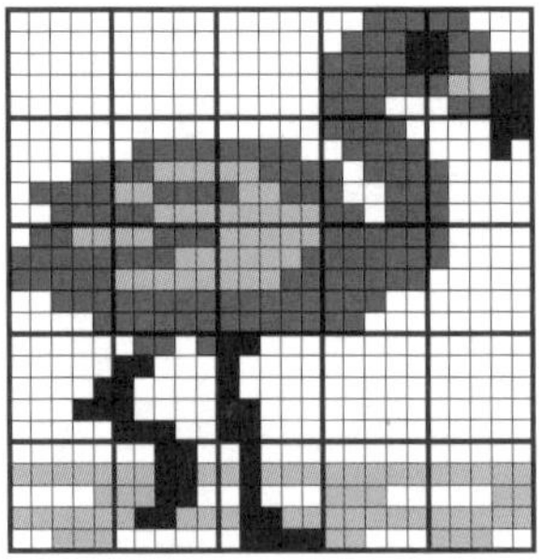

57 공룡

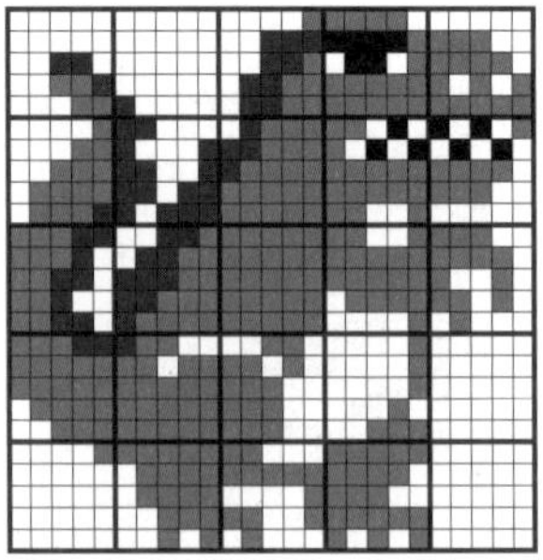

58 늑대

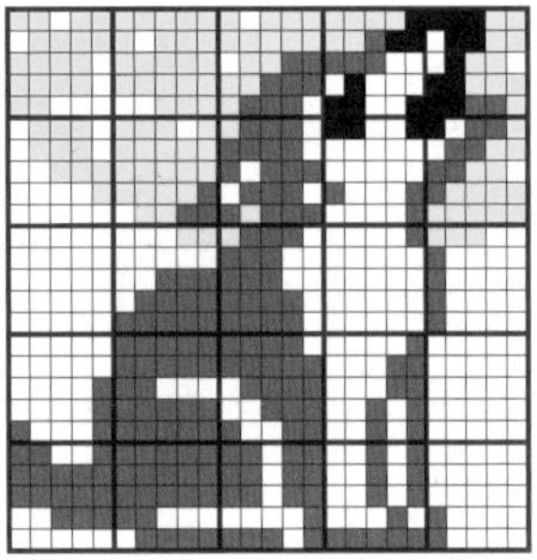

59 돼지

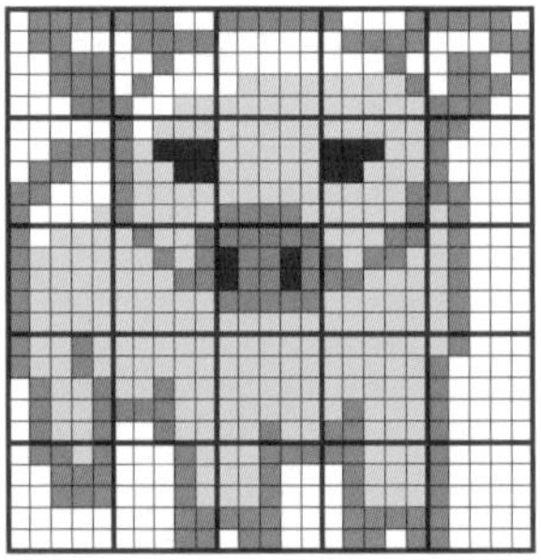

60 여우

61 해녀

62 다람쥐

63 닭

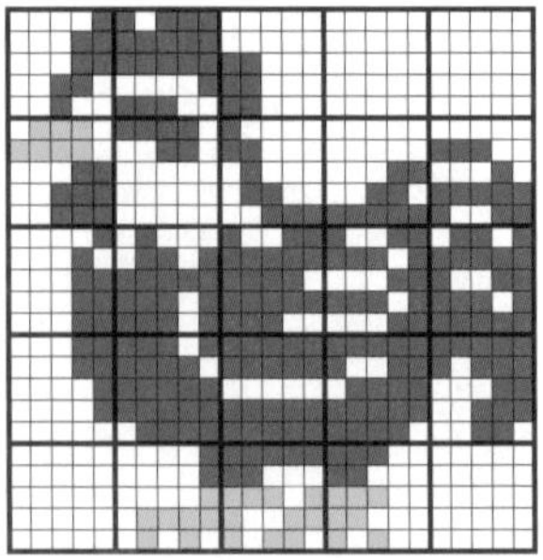

64 미니마우스

65 시바견

66 아기

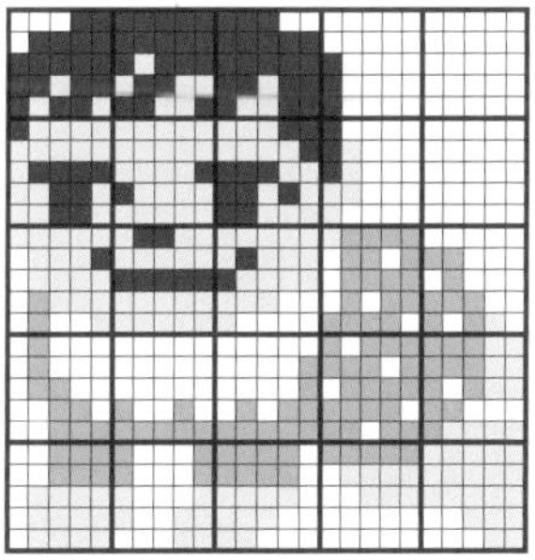

67 원숭이

68 지각

69 청소

70 크리스마스 리스

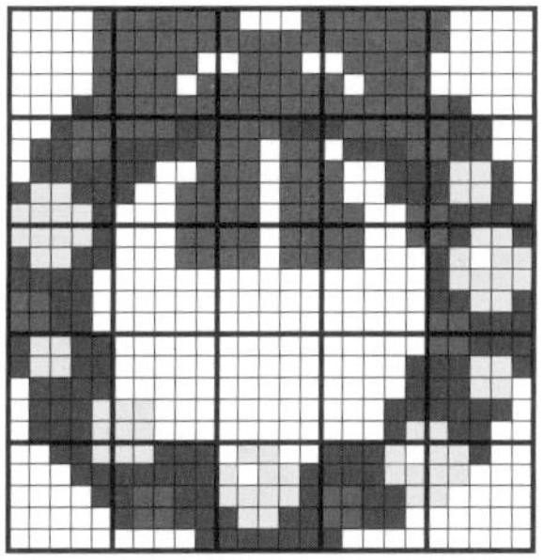

PART C

71 낚시

72 피카츄

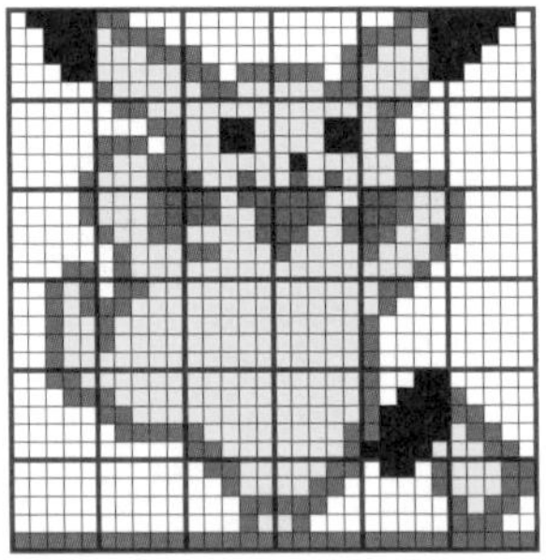

73 백설공주

74 여행

75 자전거

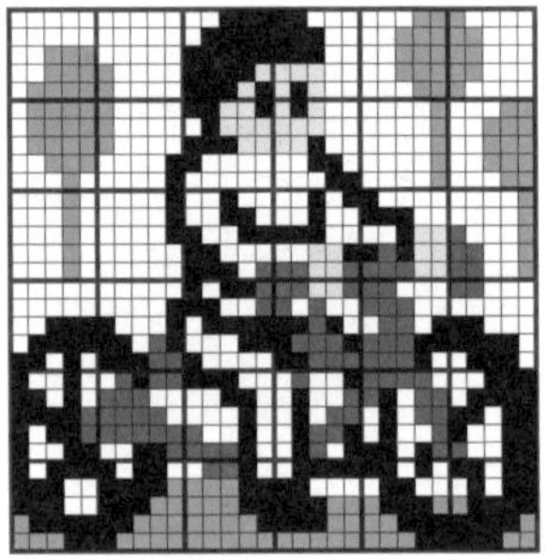

76 쿵푸

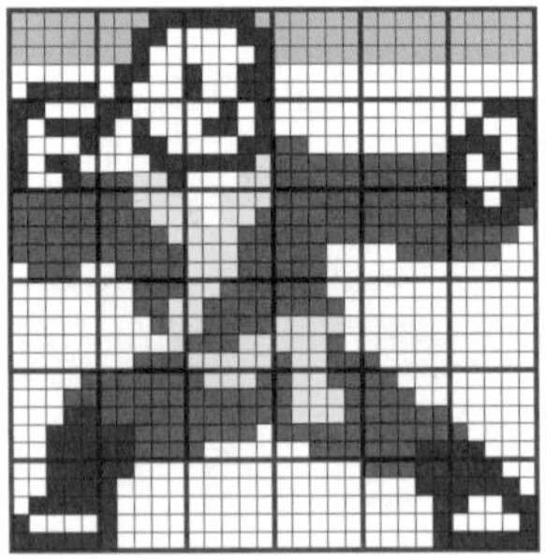

77 포돌이

78 램프의 요정

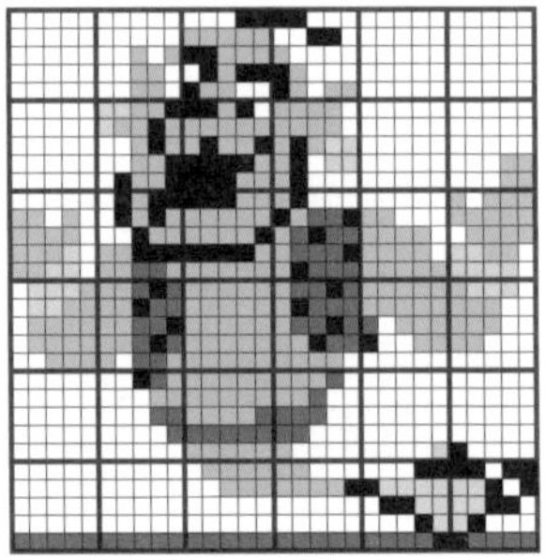

79 목마타는 소녀

80 낙서

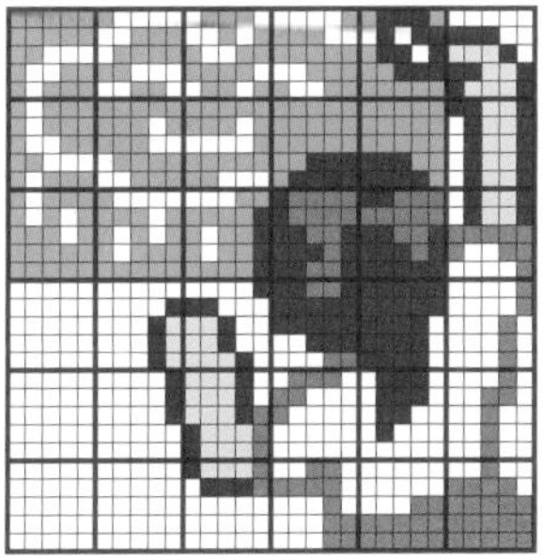

81 드래곤

82 소녀와 고양이

83 어린 왕자

84 우주여행

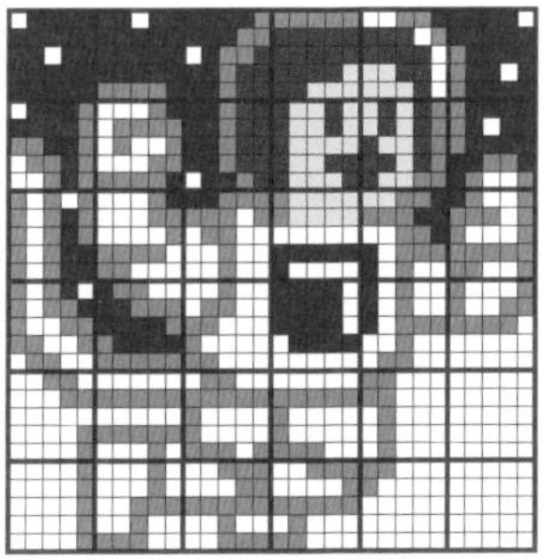

85 유니콘

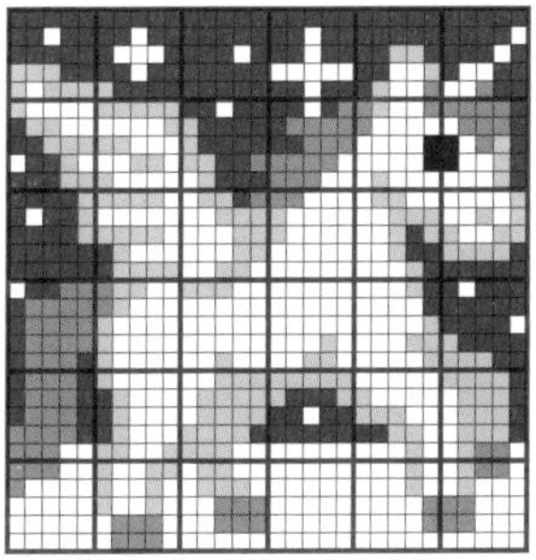

86 잠만보

87 토끼 애착인형

네모네모 로직 컬러편

초판 1쇄 펴냄 : 2019년 3월 6일
초판 7쇄 펴냄 : 2023년 12월 20일

편 낸 저 : 제우미디어
발 행 인 : 서인석
발 행 처 : 제우미디어
등 록 일 : 1992. 8. 17
등록번호 : 제 3-429호
주 소 : 서울시 마포구 독막로 76-1 한주빌딩 5층
전 화 : 02) 3142-6845
팩 스 : 02) 3142-0075

I S B N : 978-89-5952-773-1
978-89-90886-83-5(세트)

※ 값은 뒤표지에 있습니다.
※ 파본은 구입하신 서점에서 교환해 드립니다.

만든 사람들
출판사업부 총괄 손대현
편집장 전태준 | **책임편집** 홍지영 | **기획** 장윤선, 박건우, 안재욱, 조병준, 성건우
영업 김금남, 권혁진 | **문제 디자인** 나영 | **표지 · 내지 디자인** 디자인수